ボリンジャーバンドを使いこなせばFXはカンタンに稼げる! その2

standards

実はあまり知られていない!! ボリンジャーバンドの本来の使い方

入門書で説明しているのは本来の使い方ではない

ＦＸにおいて、チャートを分析するテクニカル指標はさまざまな種類がありま す。その中でも「ボリンジャーバンド」（以下ボリバン）は特に人気の高いテクニカル指標のひとつです。

数多くの投資家に使われ、投資の入門書でも必ずと言っていいほど紹介されています。しかし、実は入門書などで紹介されているボリバンの使い方は本来の使われ方とはかけ離れたものだということはご存知でしょうか。

一般的にボリバンというとローソク足がσラインを外側に突き抜けたらσラインの中に戻るものとして逆張りで使うという理解の人が多いでしょう。

しかし、ボリバンの作成者であるジョン・ボリンジャー氏はσラインの外側で逆張りするとは言っていません。むしろ「持続のシグナルであって、反転のシグナルではない」と発言しています。

では、どのように使うのかというとσラインの収縮（スクイーズ）とσラインの拡大（エクスパンション）を見るものなのです。相場というのは停滞（スクイーズ）と爆発（エクスパンション）の繰り返しです。ボリバンはこの爆発したタイミングをとらえるためにあります。

つまり、トレンドの方向性や詳細な売買タイミングを計るものではないということです。

これだけ聞くと、ボリバンは売買タイミングがわからないから初心者向けではないと感じてしまう人もいるかもしれませんが、そんなことはありません。

ボリバンは売買サインをより強固なものにするために使える優秀なテクニカル指標です。

ボリバンを使って稼いでいる投資家のなかでも、ボリバンを使い始めてから勝てるようになったという人もいます。

▼稼いでいる人のボリバンの使い方を知ろう

いきなりボリバンを使ってトレードするのは難しいでしょう。そこで本書では、ボリバンで稼ぐ６人のＦＸ投資家から本来のボリバンの見方や使い方、本人の手法の解説、さらに実践的なシチュエーション別のトレード内容を説明していきます。

本書の読み方

各章では、６人の投資家によるアドバイスを交え、ボリンジャーバンドの本来の使い方を通して稼ぎ方を解説していきます。

第1章 ボリバンの使い方の何が間違っている？

一般的な使い方は間違いなのか、どのように使うのが正しいのかを解説します。

第2章 ボリバンをどのように使えばいいのか

ボリバン本来の使い方をどのように手法に活かせばいいのか。σラインやミドルラインの活用法、ほかのテクニカル指標とどのように組み合わせればいいのかを解説します。

第3章 稼ぐ投資家のボリバン手法

ボリバンで稼ぐ投資家自身のトレード手法を完全公開。自分に合ったトレード手法を見つけてください。

第4章 シチュエーション別パターン分析

過去、相場が大きく動いた実際の出来事を中心に、計10パターンのシチュエーションから投資家たちの実際のトレード内容を分析。相場状況に合わせてどうトレードすればいいのかがわかります。

本書でボリバンの見方・使い方を手法と合わせてアドバイスしてくれる投資家

ボリバンを使って大きく稼ぐ現役のＦＸ投資家６人

山田幸一さん

一目均衡表の雲と組み合わせて大きく稼ぐ！

ＦＸ歴▼８年

トレード期間▼スイング〜長期

実績▼通算４０００万円

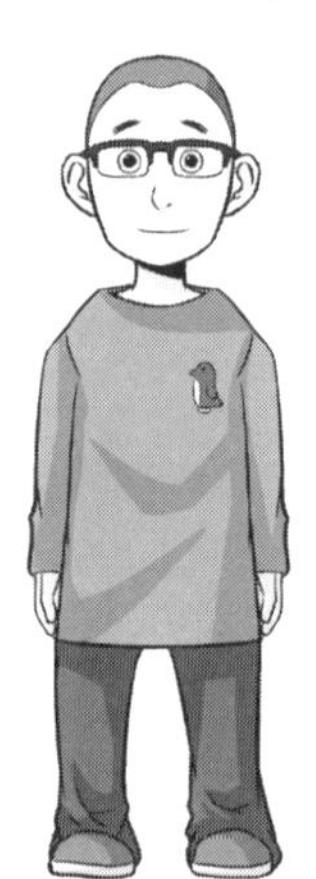

小池加奈子さん

MACDで売買タイミングを分析して稼ぐ！

FX歴▼7年

トレード期間▼デイトレ～スイング

実績▼通算3000万円

羽生英二さん

移動平均線とミドルラインのクロスに注目！

FX歴▼5年

トレード期間▼デイトレ～長期

実績▼通算2000万円

依田唯香さん

ボリバンとローソク足の動きだけで売買判断！

FX歴▼7年

トレード期間▼長期

実績▼通算3000万円

石川正一さん

ADXとの併用でトレンドの向きを分析！

FX歴▼10年

トレード期間▼デイトレ～スイング

実績▼通算5000万円

田口優斗さん

ふたつの手法を使いこなして稼ぐ！

FX歴▼6年
トレード期間▼デイトレ～スイング
実績▼通算3000万円

前書で登場した投資家

宮下さとしさん
実績▼通算1億7000万円

池田彩さん
実績▼通算1200万円

福田健一さん
実績▼通算8500万円

下田京太郎さん
実績▼通算1億円

田中義弘さん
実績▼通算1億円

田中幸代さん
実績▼通算8000万円

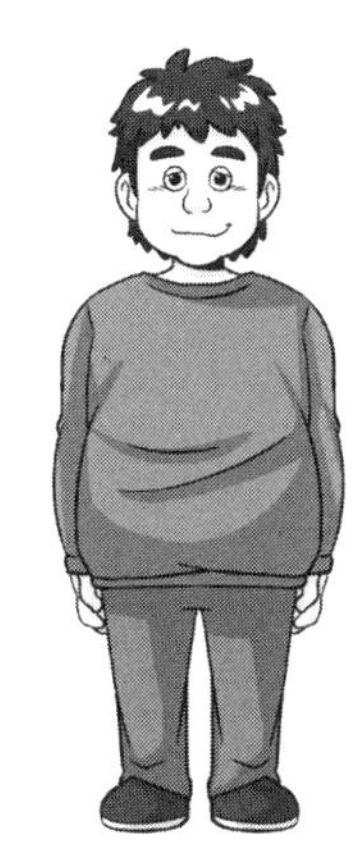

※詳しくは前書「ボリンジャーバンドを使いこなせばFXはカンタンに稼げる！ 2019年最新版」参照

まずは一般的に知られているボリバンの基本を理解しよう

ボリンジャーバンドの今の使い方を今一度把握する

まずはボリバンの一般的な使い方

本書では、ボリバンの本来の使い方で稼ぐ投資家たちの手法を解説しますが、その前に、一般的な使い方とボリバンの本来の使い方について再確認しましょう。

まずは一般的な使われ方についてですが、ボリバンはアメリカの投資家ジョン・ボリンジャー氏によって1980年代に考案されたテクニカル指標です。「標準偏差」を用いて計算されていることが特徴で、そのわかりやすさから多くの投資家に愛用されています。

ボリバンは、7本のラインで構成されており、中心にあるラインはミドルラ

ボリンジャーバンドの7本のライン

ボリンジャーバンドの構成

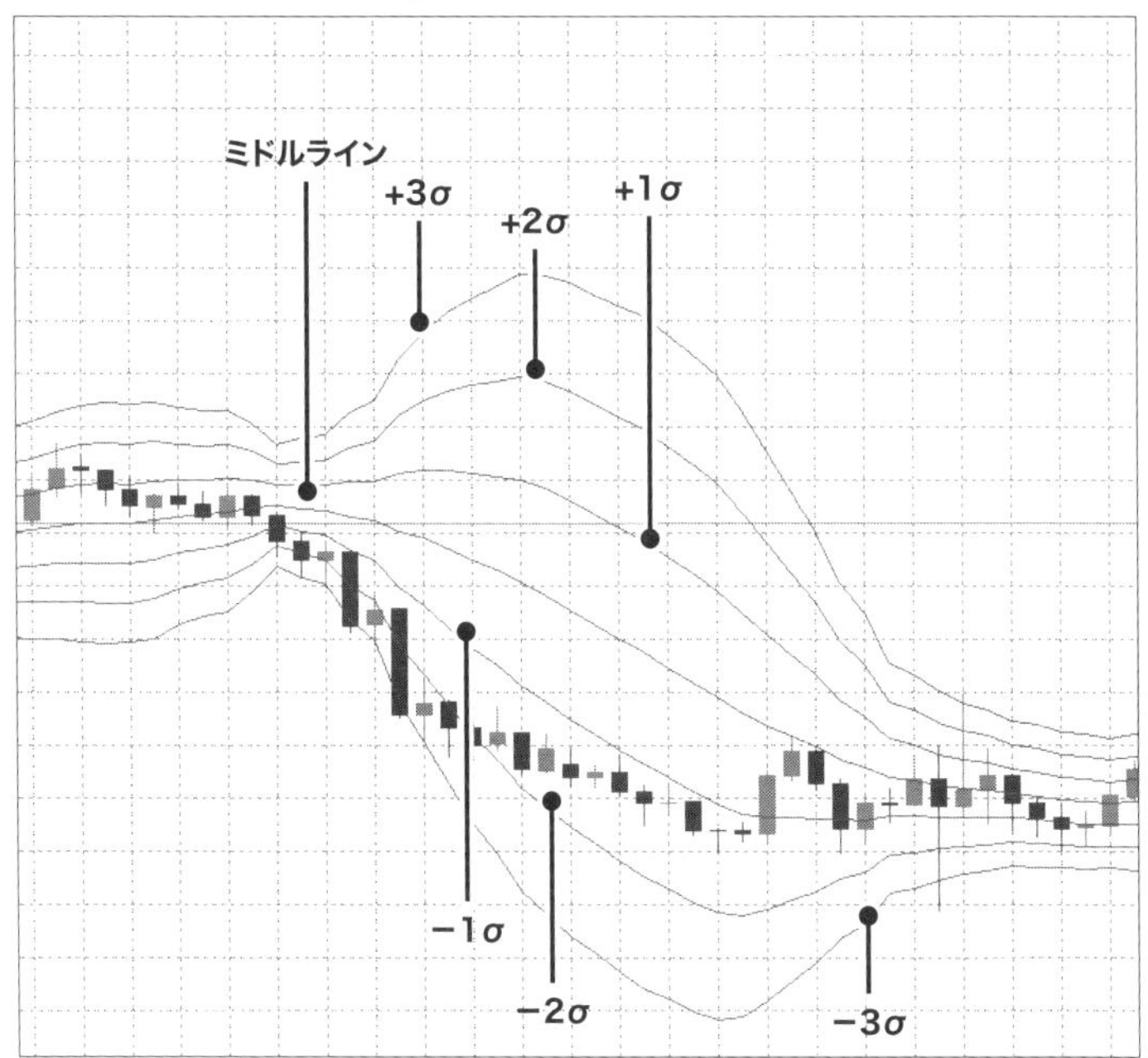

ボリンジャーバンドは ±1 σ、±2 σ、±3 σ、ミドルラインの 7 本のラインで構成されている。

インと呼ばれる移動平均線です。ミドルラインから上に離れるにしたがってプラス1σ、プラス2σ、プラス3σと呼ばれ、下に離れるにしたがってマイナス1σ、マイナス2σ、マイナス3σと呼びます。σをまとめて「σライン（シグマライン）」と呼ぶこともあります。統計学上σの内側に現在値が存在する確率は次のようになっています。

- **現在値は「±1σ」内に約68・3％の確率で存在する**
- **現在値は「±2σ」内に約95・4％の確率で存在する**
- **現在値は「±3σ」内に約99・7％の確率で存在する**

ローソク足がプラス2σを上に突き抜けたら、いずれ±2σの範囲内に吸収される可能性が高いので逆張りで売りサインと考えます。また、±2σ外に現在値が存在する可能性は3・6％なので、「±2σのラインに現在値が接近したら、ブレイクせずに反転する」という見方もできます。

ボリンジャーバンドの一般的な使い方①

σラインでローソク足が反発する

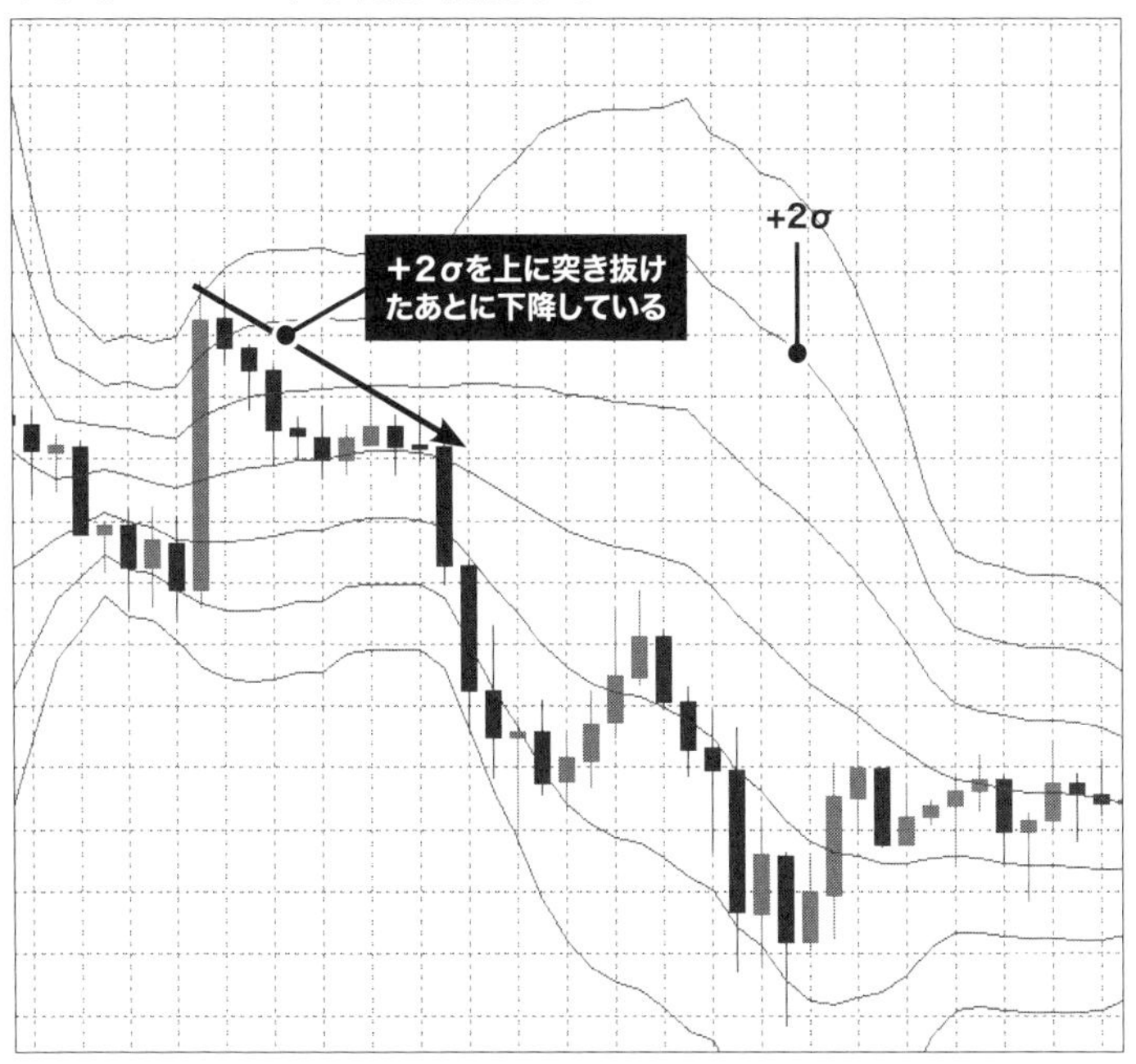

±2 σを突き抜けると反発しやすいため売買サインになる。±3 σも突き抜けたあとに反発する可能性は高い。

また、エントリー時にミドルラインの動きを見ることで、売買サインの精度をより高めることができます。ミドルラインは、上向きなら「上昇トレンド」、下向きなら「下降トレンド」と判断できます。ボリバンで買いサイン（売りサイン）が出ているときに、ミドルラインが上向き（下向き）であれば、その後上昇する（下落する）可能性が高いと考えることができます。

買いサイン（売りサイン）が出ているときに、ミドルラインが下向き（上向き）であれば、トレンドと逆行しているため、「だまし」になる可能性が高くなります。基本的に、ミドルラインの方向に合わせてエントリーすれば、トレンドに対して順張りのトレードになるのでリスクを抑えることができます。ただし、逆張りでトレードする場合はトレンドと逆行してエントリーすることもあります。

このように、σラインとローソク足の動き方、ミドルラインの向きによって売買判断するのが初心者向けの投資本などで紹介されている一般的な使い方です。

ボリンジャーバンドの一般的な使い方②

ミドルラインの使い方

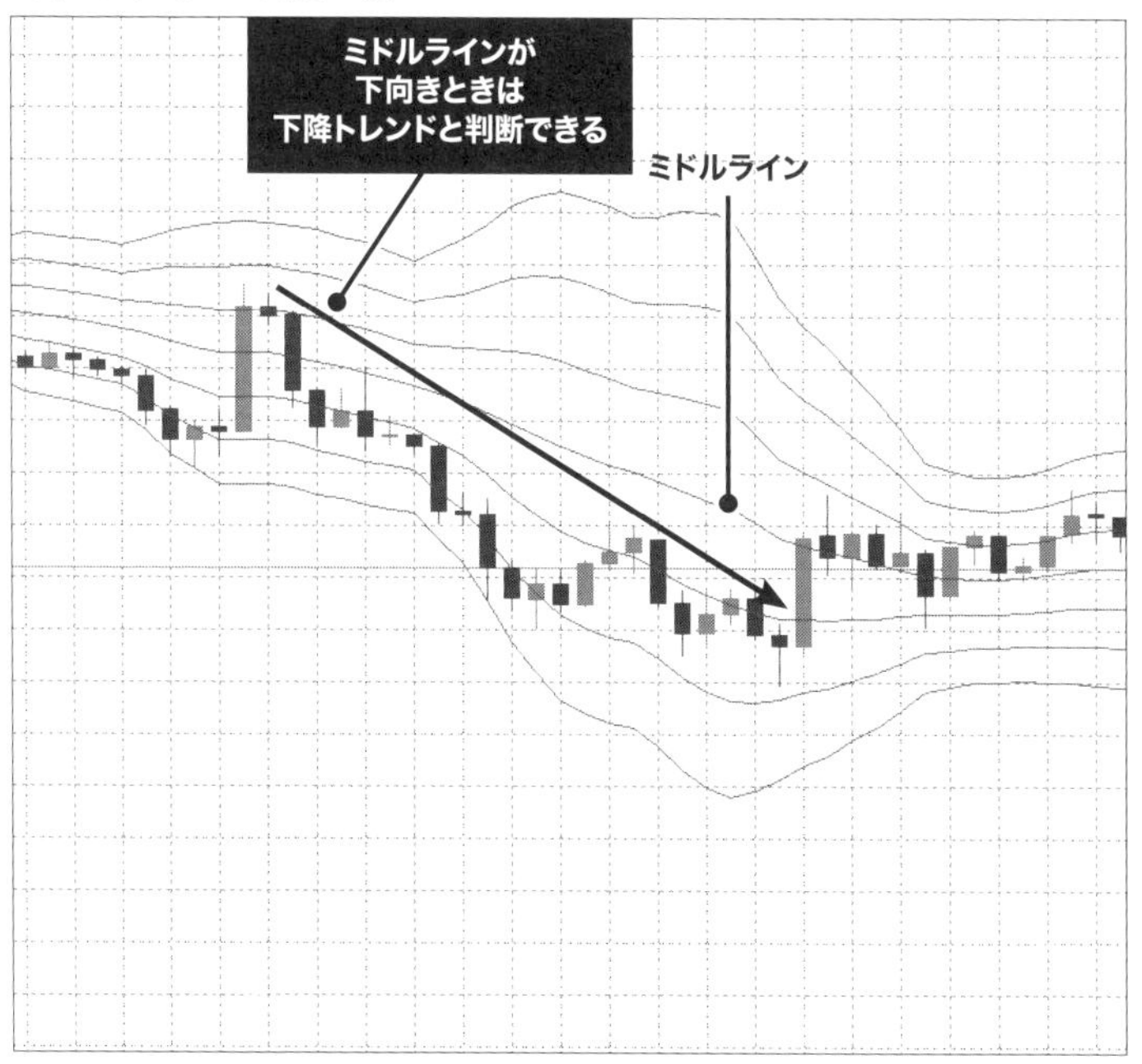

ミドルラインが上向きなら上昇トレンド、下向きなら下降トレンドと判断する。

ボリバンの本来の使い方について解説

ボリンジャーバンドの本来の使い方を学ぼう

ボリバンの本来の使い方

ボリンジャーバンドの考案者であるボリンジャー氏が推奨するボリバンの本来の使い方はローソク足がσラインにタッチしたときに売買判断するものではなく、σラインが収縮したらトレンドがない状態、σラインが広がったらトレンドが強い状態と判断するものです。つまり、売買タイミングを計るものではなく、相場の勢いを読むためのツールです。

「相場の勢いを視覚的にわかりやすく判断できる」ことがボリンジャーバンドの本質です。そして、相場の勢いには次のようなサイクルがあります。

ボリンジャーバンドの本来の使い方

エクスパンションとスクイーズでトレンドの状態を判断

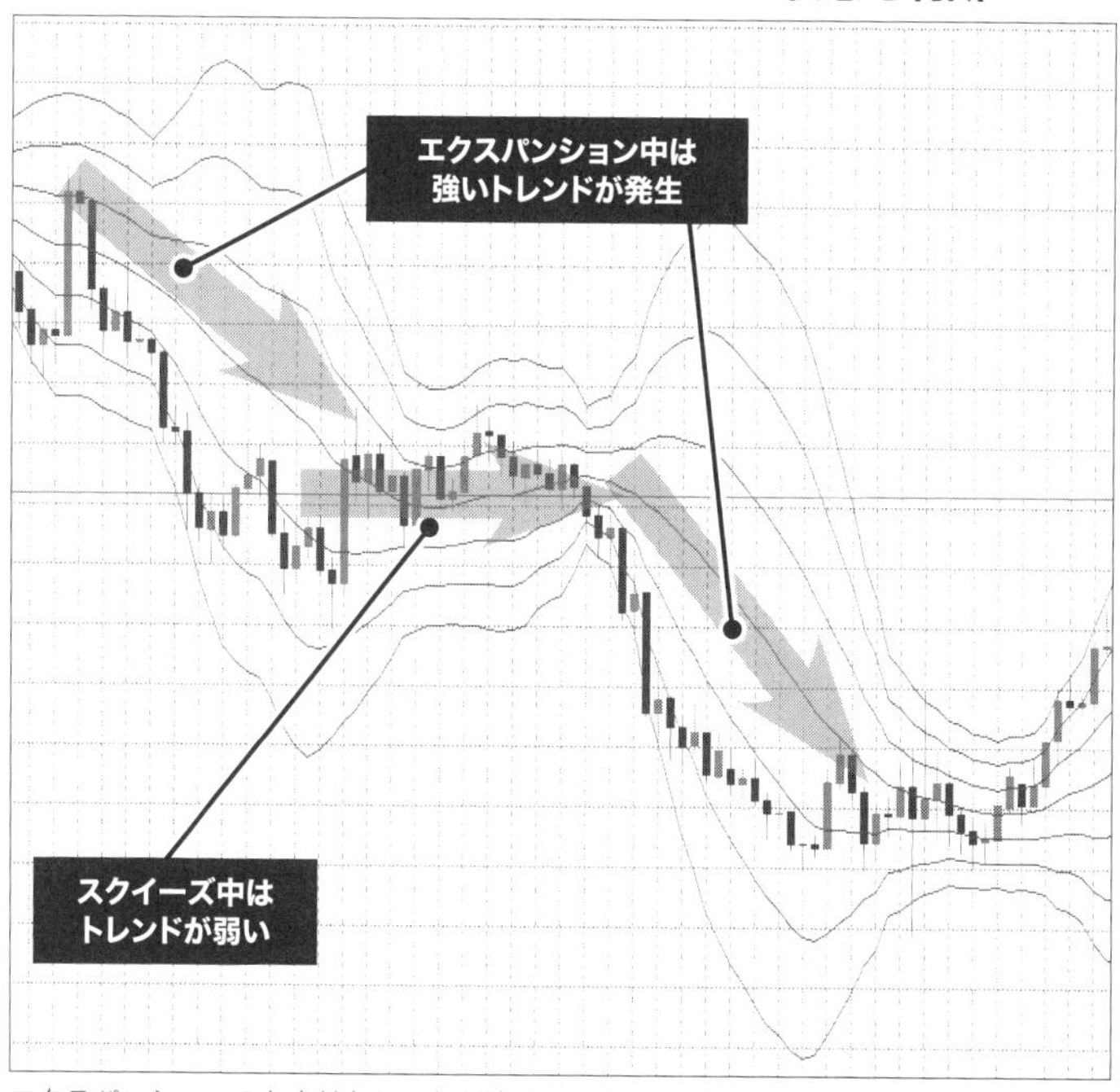

エクスパンションのときはトレンドが強く、スクイーズのときはトレンドが弱い。

強いトレンドが出る→徐々に沈静化（→沈黙）→強いトレンドが出る

このサイクルを視覚的にわかりやすくしているのがボリンジャーバンドです。17ページのチャートを見てください。トレンドが発生すると「エクスパンション」と呼ばれるσラインが広がる現象が発生します。このときトレンドが非常に強い場合は、左ページのチャートのようにローソク足がσラインに張り付く「バンドウォーク」という現象が起きます。

次に、徐々にトレンドが沈静化するとσラインが徐々に収縮する「スクイーズ」が発生します。そして、トレンドの方向性がなくなり、もみ合い相場になるとσラインの間隔が非常に狭くなる状態になります。その後、次のトレンドが発生すると再び「エクスパンション」の形になります。ただし、場合によってはもみ合い相場に発展せず、すぐにエクスパンションが発生し、新しいトレンドに転換する場合もあります。

トレンドが強いとバンドウォークが発生

＋２σにローソク足が張り付く

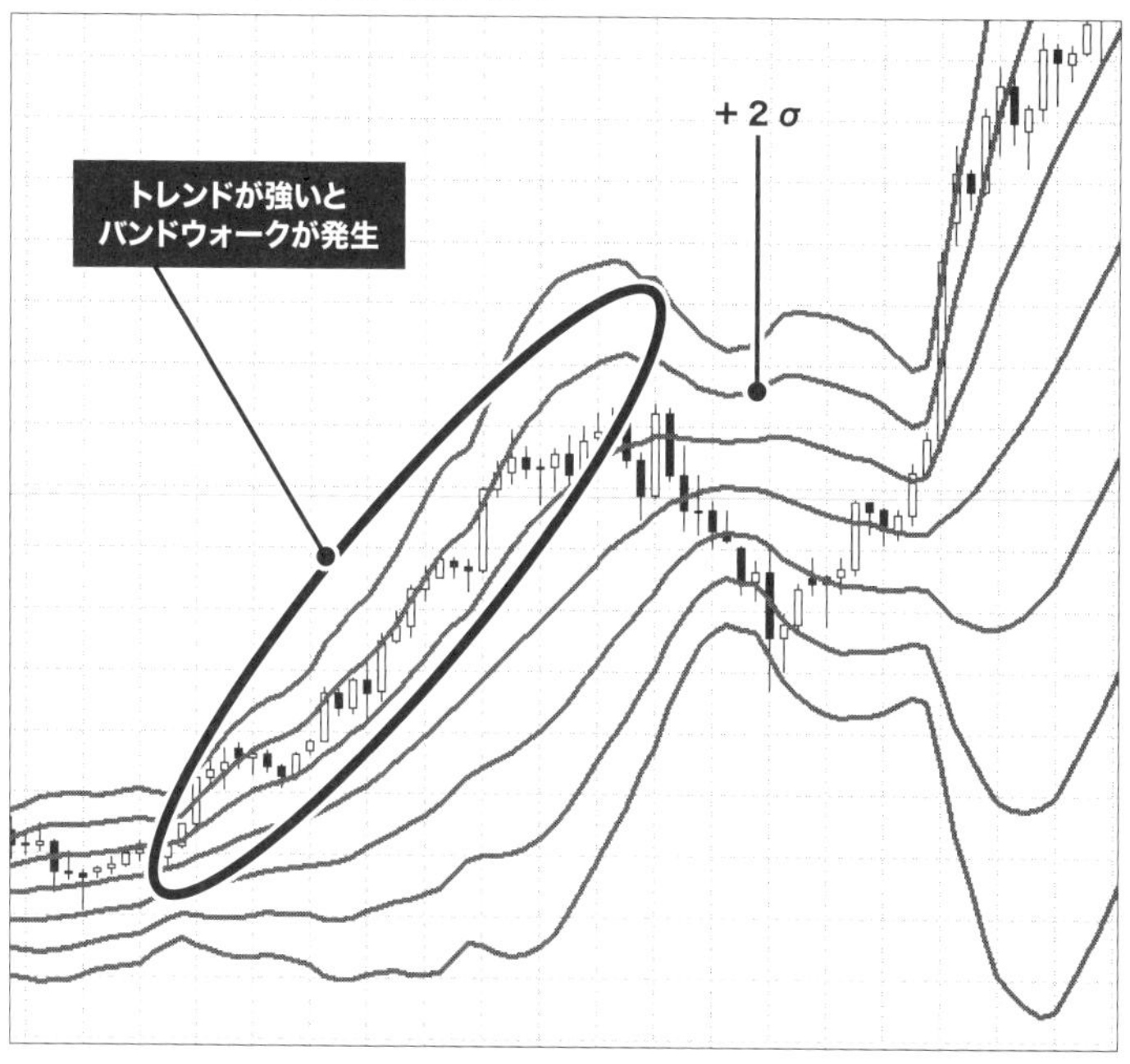

トレンドが強いときはσラインにローソク足が張り付くバンドウォークが発生する。

本来はトレンドの有無だけを見るもの

ボリバンでトレードをするなら、左ページのチャートのようにスクイーズからエクスパンションへ変化するときに今まで推移していた価格帯から離れた価格を付けたらエントリーするというやり方があります。しかし、これだけではダマシも多く、判断が難しいのであまりお勧めできません。

つまり、ボリバンではトレンドの有無を見るだけであり、トレンドの方向性はわかりません。一応、ミドルライン（移動平均線）の方向でトレンドの向きを分析したり、バンドウォークが発生したら順張りでついていくといったことはできます。しかし、ボリバン単独でトレードするのは難しく、他のテクニカル指標との併用や使い方の工夫が必要です。

他のテクニカル指標との併用についての詳しい解説は70ページで解説しているので、参考にしてください。また、具体的な投資手法については77ページ以降で紹介しているので参考にしてください。

スクイーズからエクスパンションへの変化

エクスパンションへ変化したタイミングを狙う

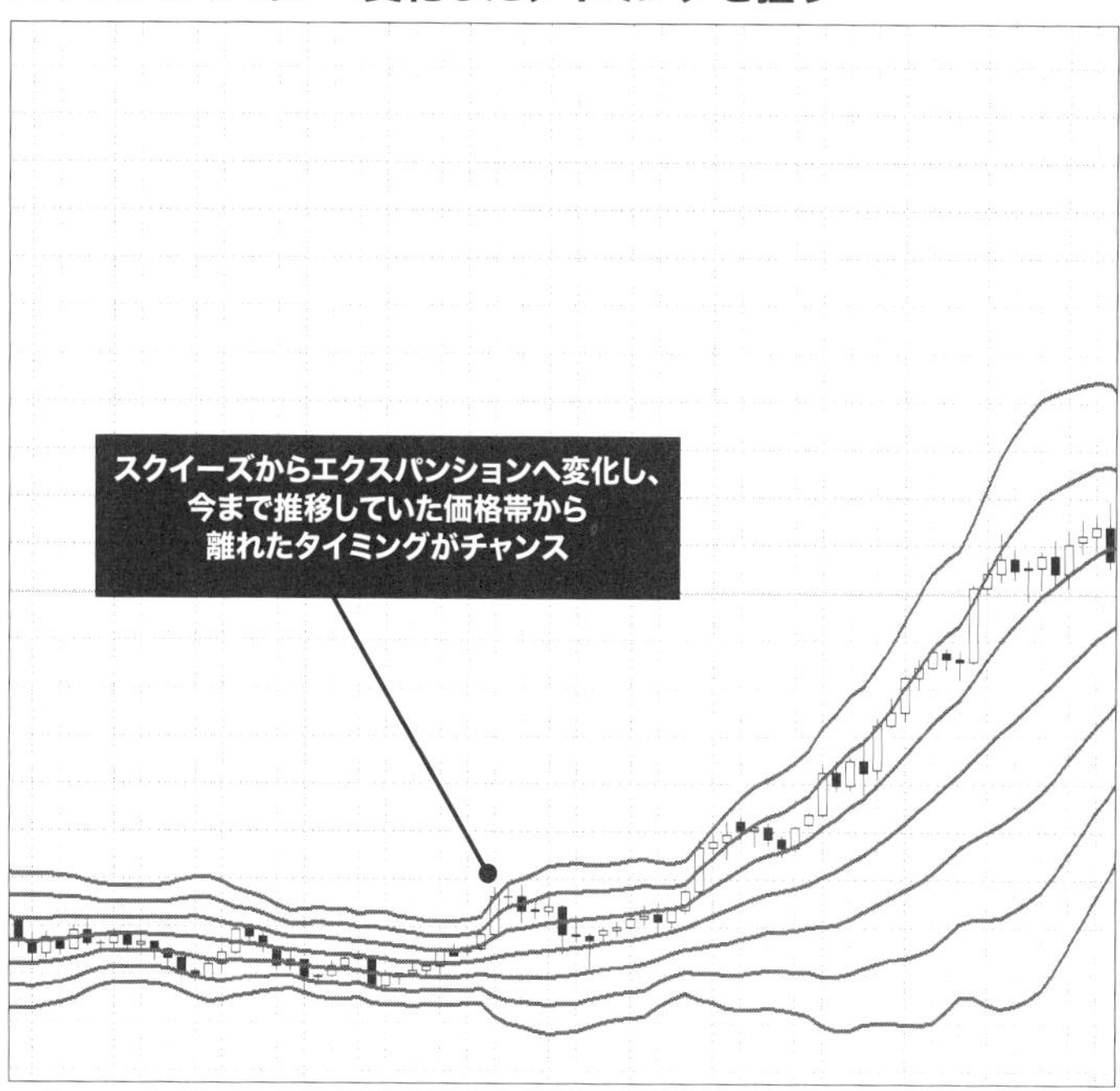

スクイーズ（トレンドがない状態）からエクスパンション（トレンドが強い状態）に変化したタイミングを狙う。

標準偏差は関係ない

10ページで解説したようにー般的なボリバンを説明すると必ずと言っていいほど標準偏差の話があります。しかし、チャートには標準偏差が適用されません。そもそも標準偏差というのは正規分布と呼ばれるデータ分布で使われるものです。チャートは正規分布ではないので、標準偏差の考え方が適用できないということです。

標準偏差がチャートには適用されないため、±2σ内に約95・4%の確率で存在するということや±3σ内に約99・7%の確率で存在するという考え方も破綻してしまいます。

±2σ内に約95・4%の確率で存在するという割には、±2σ外にローソク足が動くことが多いことに納得がいくのではないでしょうか。

なぜ、このようなことになってしまったのかはわかりませんが、この見方が広まった結果、σラインを基準にしたトレードをする人が増え、結果的にσラインでローソク足が反応するようになったのだと考えられます。

目次

第2章

第3章

第４章 シチュエーション別パターン分析

必ずお読みください

FXはリスクをともなう金融商品です。本書で紹介している内容によっての投資の結果に著者、および出版社は責任を負いません。実際の投資を行う際にはご自身の責任においてご判断ください。

第1章

ボリバンの使い方の何が間違っている？

本来の使い方ではない使い方が広まっているボリバンだが、その使い方は間違いなのか？　実際のところボリバンの現状はどのようなものなのか？　そして、どのように使えばいいのかなどを解説する。

01

そもそも為替相場はなぜσラインで反応するのか

多くの人が使うためσラインで反応する

ボリバンの本来の使い方は16ページで解説したように、相場のボラティリティを計るものです。では、なぜ為替相場において、ボリバンのσラインでローソク足が反応するのかというと、σラインを意識してトレードする投資家が多いことにあります。

本来の使われ方ではないローソク足とσラインによるトレードが行われているのは、初心者向けの投資本などでその使われ方が解説されているからです。なぜその解説がされるようになったのかはわかりませんが、標準偏差というわかりやすい基準があったためではないかと小池さんは言います。

その結果、多くの人が、ローソク足がσラインを抜けたら逆張り、σラインで反発したら順張りというようなトレードをするようになった結果、σライン付近での売買が活発になり、相場がσラインに反応するようになったと考えられます。

σラインとローソク足の使い方が広まっているため

本来の使い方ではないのですが、ローソク足がσラインにタッチしたり、反発したり、突き抜けたらエントリーというトレード手法を使う人が多いため、σラインでローソク足が反応しやすいのです。（小池さん）

なぜ本来の使い方が知られていないのか

本来のボリバンの使い方がなぜ知られていないのかはわかりませんが、本書で紹介する投資家たちは本来の使い方では、相場の方向性がわからないためだと考えています。トレンドの発生と終息についてはエクスパンションとスクイーズで判断できますが、相場の方向性や具体的な売買タイミングはわかりません。

そのため、初心者にボリバンを説明するときに「どちらかに動くかはわかりません が、トレンドは発生します」だけでは、どう使えばいいのかわからないため、苦肉の策として標準偏差を説明に加え、ローソク足とσラインの関係性による売買サインの解説がされるようになったのではないかと考えられています。

初心者に説明しやすくするため

ボリバンの本来の使い方は相場の方向性や売買タイミングを計ることはできず、「いつトレンドが発生するのか」ということしかわかりません。そのため、初心者にとっては使いにくいという印象を与えてしまうため、初心者にも使いやすい方法として広まったのではないかと考えられます。(羽生さん)

σラインで反発している

σラインも機能している

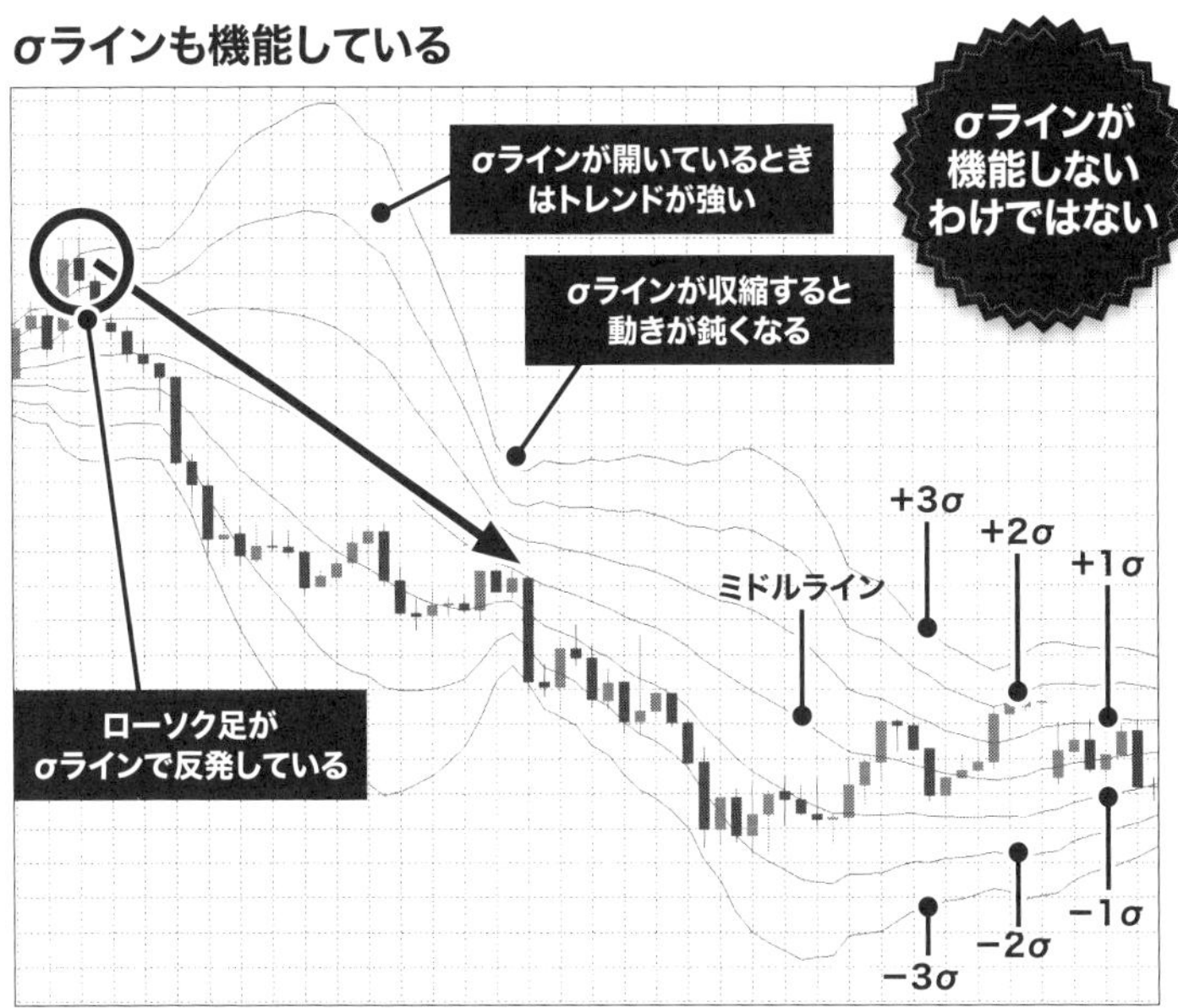

間違った使い方でも、σラインでローソク足が反発しないというわけではない。

POINT

σライン付近で売買する人が多い

本来のものではない使い方が広まっているため、ローソク足がσラインで反応するようになっています。

02

σラインとローソク足によるトレードは間違い？

σラインとローソク足によるトレードは間違いではない

本書で紹介する投資家たちは前書「ボリンジャーバンドを使いこなせばＦＸはカンタンに稼げる！２０１９年最新版」に登場した投資家たちのボリバンを使ったトレード手法については、本来の使い方と異なっていても、「勝ち続けているのであれば、否定する手法ではありません」と言います。

前書に登場した宮下さんも本来の使い方は知っているものの、本来の使い方ではなくても、勝てているので問題ないと言います。

相場の難しいところは、たとえ使い方が間違っていても、勝てていればその使い方は間違っていないということです。

ボリバンの作成者であるボリンジャー氏が想定していない使い方だとしても、トレードで利益が得られているのであれば、手法自体が間違っているというわけではないということです。

逆に言えば、本来の使い方でも、本来の使い方でなくても利益が得られなくなってしまったらその手法は使わない方がいいということになります。

利益が得られるのであれば間違いではない

本来の使い方でなくても、利益が得られているのであれば間違った手法ではありません。正しいか間違いかよりも勝てているか負けているかのほうが大事です。私にとっては本来の使い方が勝ちやすいというだけであって、それ以外の使い方は否定するものではありません（山田さん）

▼逆張りによるトレードはNG

本書に登場する投資家も前書で登場した投資家も逆張りによるトレードに関しては否定的です。

逆張りはリスクが高く、特にエクスパンション中の強いトレンドに対しての逆張りは大きな損失を出してしまう可能性があります。

リスクとリターンの兼ね合いを考えてもリスクの方が勝るため、基本的には順張りトレードを推奨しています。

逆張りは難しい

逆張りはよほどトレードに自信がある人でない限りお勧めしません。基本的に逆張りは損切りするタイミングを考えることが難しく、初心者〜中級者で勝つことはできないと思います。あえて、逆張りでトレードしたいのであれば、しっかりとテストしてからにしましょう。(石川さん)

順張りでトレードしよう

移動平均線などを併用してトレンドを見極める

移動平均線などのトレンド系テクニカル指標を併用して、トレンドに対して順張りでトレードするのが基本といえる。

03 ボリバンの現状と相場の現状を再確認

本来の使い方が広まりつつある

投資家目線でボリバンの現状について見てみると、近年ではボリンジャー氏が提唱する相場のボラティリティを計測するためのテクニカル指標だということが広まりつつあります。

これは本来の使い方をしている投資家にとってプラスだと田口さんは言います。38ページで解説したように、正しいか正しくないかは関係なく多くの人が使っていれば動くのが相場の世界です。本来の使われ方が広まればそれだけ、相場に影響を与えるようになりトレードしやすい環境になったり、勝率が上がる可能性があります。

一方、σラインによるトレードをしている投資家にとっても本来の見方の広まりは悪くない状況です。前書に登場した田中さんは、多くの人が同じやり方をしていると勝つことが難しくなると言います。たとえばマイナスσラインで反発したタイミングで買いエントリーする人が多くなればドル高・円安になりやすくなってしまいます。つまり、手法が通用しなくなるわけです。

本来の使い方をする人が増えてきた

ボリンジャー氏が提唱するボリバンの本来の使い方は徐々に広まっています。そのため、徐々にエクスパンションやイグジットによるトレードも増え、より機能しやすくなるだろうと考えられます。(田口さん)

ボリバンと相場の今後はどうなる

依田さんは今後のボリバンと相場の関係について、本来の使い方は広まる一方で、σラインとローソク足によるトレードも大きく減ることはないと考えています。現状、σラインとローソク足によるトレードでうまくいっている人も多く、初心者にとっては簡単な手法にみえるため、相場の動きが大きく変わらない限り、廃れることはないとの考えです。

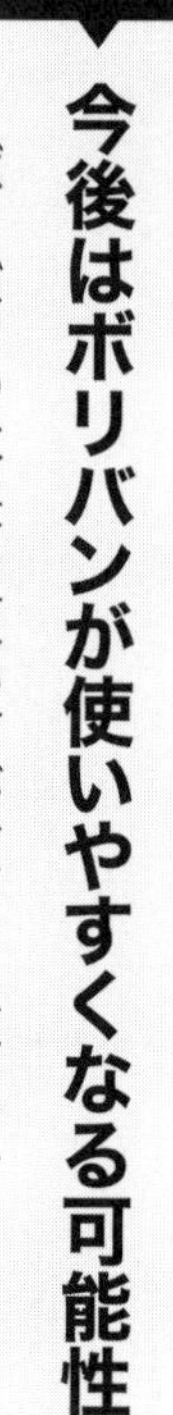

今後はボリバンが使いやすくなる可能性が高い

ボリバンの本来の使い方が広まる一方で、σラインとローソク足によるトレードをする人も大幅に減ることはないので、どちらの使い方にしても、現状勝ててあるのであれば、今後、相場の動きが大きく変わらないのであれば、勝てなくなるということはあまりないと思います。(依田さん)

04 ボリバンをどう使い、活かすべきか？

本来の使い方を知っておくべき

ここまでの解説を見て、結局ボリバンはどうやって使えばいいんだろうと悩む人もいるでしょう。前述したとおり勝てていればどちらも正解ではありますが、これからボリバンについて勉強したいという人はまずは本来の使い方について知りましょう。

徐々に本来の使い方が広まっているとはいえ、まだ本来の使い方についてまったく知らないという人も多いでしょう。そのため、まずは本来の使い方をよく知ることが重要です。前書で登場した投資家たちも本来の使い方を知ったうえで、

σラインによるトレードを行っています。

「エクスパンションとスクイーズによるトレンド状況の判断を知っていれば、手法を考える際の選択肢が広がります。σラインでトレードするにもトレンド状況を知ることは大事なので必ず勉強してください」と前書に登場した宮下さんも言います。

トレンドを判断する方法を知っておいて損はない

トレンドを判断することは、どの手法を使うにしても知っておいて損はないです。直接トレードにボリバンを使わないにしても、チャート分析をするときにボリバンでトレンドの状況を判断するといった使い方もできます。

また、まずはボリバンの本来の使い方でトレードしてみて、うまくいかなければσラインを使ったトレードをしてみるのもいいでしょう。

本書では、これまであまりなかったボリバンの本来の使い方を組み込んだ手法を紹介しています（第3章参照）ので、まずはそれらの手法を使ってみて、そ

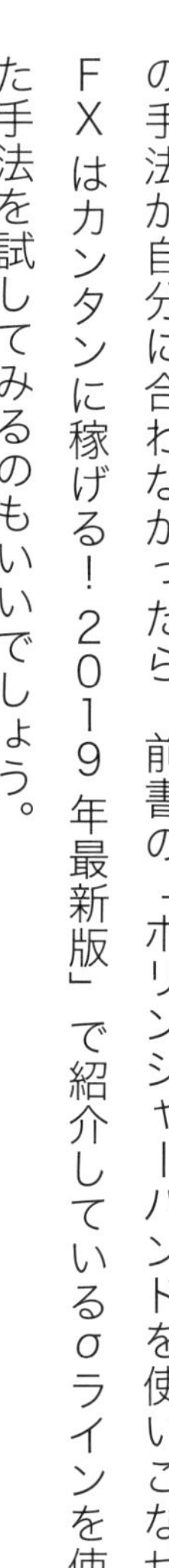

の手法が自分に合わなかったら、前書の「ボリンジャーバンドを使いこなせばFXはカンタンに稼げる！2019年最新版」で紹介しているσラインを使った手法を試してみるのもいいでしょう。

使い方に絶対はない

ボリバンの使い方に絶対はありません。極端な言い方をすると勝っていさえいればそれが正解です。ただ、まったく使いかたを知らないのでいるのは、大きな失敗につながるので危険です。まずは、本体の使い方についてよく勉強することから始めましょう。(田口さん)

第2章

ボリバンをどのように使えばいいのか

ボリバンを本来の使い方でトレードに使う場合、どのように活用すればいいのか迷うことも多い。そこで、本書で紹介する投資家が本来のボリバンの使い方をトレードに生かす方法を伝授していく。

01 スクイーズとエクスパンションの使い方

スクイーズとエクスパンション

ボリバンの特徴的な動きであり、本来の使い方をするうえでもっとも重要なのがスクイーズとエクスパンションと呼ばれる動きです。

スクイーズとは押しつぶすという意味で、53ページのチャートのようにσラインが閉じて押しつぶされた状態、または閉じつつある状態を指します。この形状はローソク足の動きがもみ合い相場になっていたり、トレンドが弱くなりつつある状態です。つまり、ポジションを保有していたら解消するタイミングといえ、もみ合い相場を狙ったトレードに適した状況といえます。

53ページのチャートのようにスクイーズとは逆にσラインが開いている状態はエクスパンションと呼び、これは強いトレンドが出るときに発生する形状です。ローソク足がトレンド方向に大きく動くことが多いため、エントリーしやすい状況であるといえます。トレンド方向とは逆のポジションを持っている場合は、含み損が膨らむ前にイグジットしたいタイミングでもあるでしょう。

エクスパンションとスクイーズは交互に発生します。そのため、基本的には、エクスパンションが発生したらエントリーを行い、スクイーズが発生したらイグジットして、次のエクスパンションが出るのを待ちます。

エクスパンションの発生と同時にエントリーできれば、そのとき発生したトレンドの始まりでエントリーができたことになります。さらに、σラインがスクイーズに移行しかけのときにイグジットできれば、大きな利益になります。

基本的な使い方は変わらない

稼いでいる投資家の間でもこのふたつの基本的な使い方は変わりません。エクスパンションが発生したら、エントリーを行い、スクイーズでイグジットします。

77ページ以降で投資家たちの詳しい手法を解説していますが、田口さんのようにほかのテクニカルと組み合わせて、同時にサインが出たときにエントリーやイグジットを行う人もいます。

実戦においてはどちらにしても、エクスパンションとスクイーズは本来の使い方どおりで問題はないようです。

基本に忠実に使う

ボリバンの本来の使い方であるエクスパンションとスクイーズによるトレンド判断は基本に従って判断します。エクスパンションが発生したら順張り、スクイーズが発生したらイグジットという考え方をベースにすれば大きく失敗することはないはずです。（山田さん）

エクスパンションとスクイーズ

エクスパンションでエントリー、スクイーズでイグジット

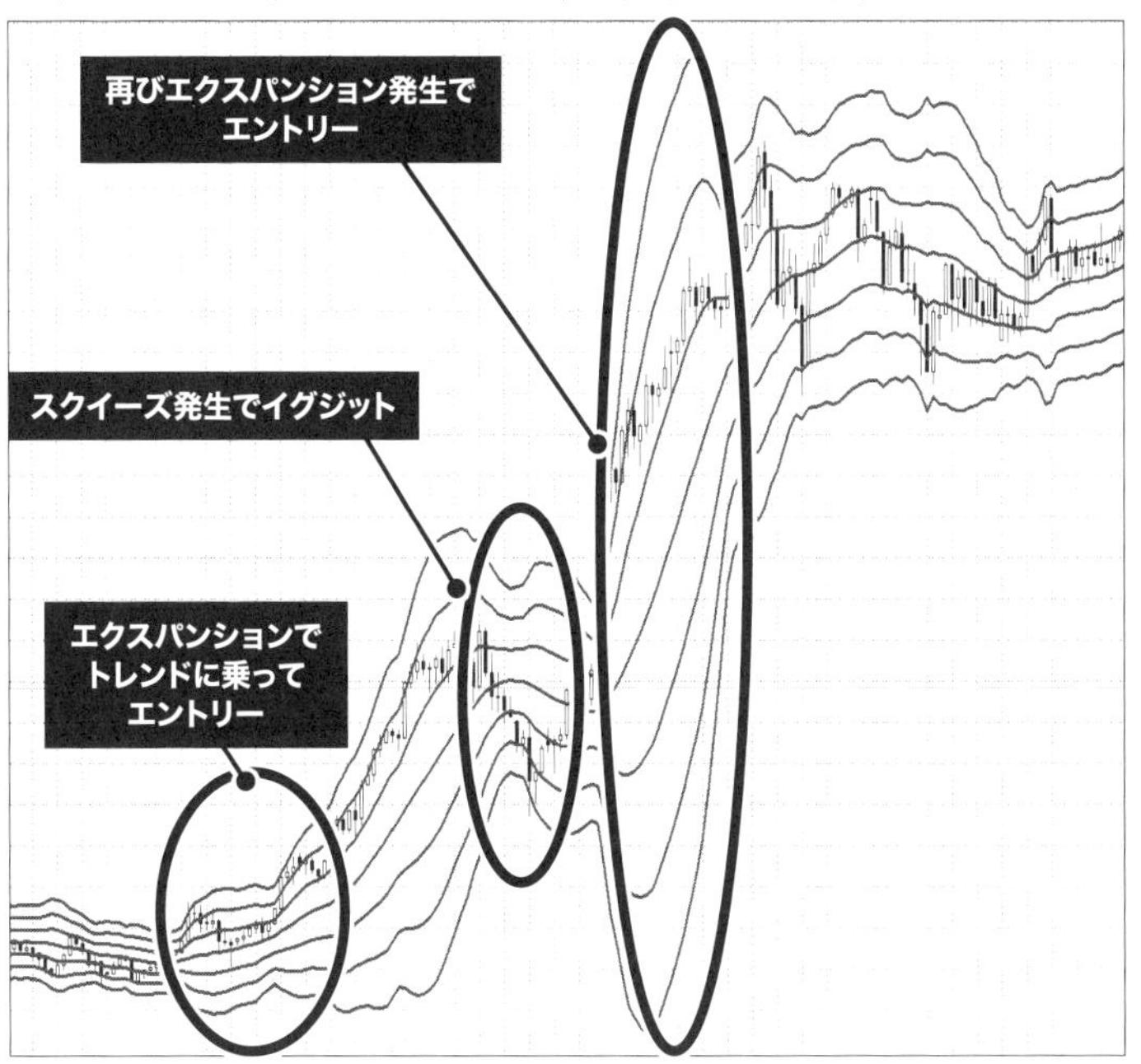

エクスパンション中に順張りでエントリーし、スクイーズでイグジットする。

02

ローソク足が±3σを抜けたときは異常な相場

±3σは相場を分析する際に役立つ

ローソク足がσラインを突き抜けたタイミングでの売買は本来の使い方ではないと解説しましたが、ローソク足とσラインの関係を使った相場を分析する上では有効だと本書に登場する投資家たちはいいます。

特に±3σをローソク足が抜けたときは異常な相場だと判断できます。「チャートを見ているとわかりますが、±3σを突き抜けるときは大きなニュースが発生したときなどファンダメンタルズで異変が起きたときです。特に4時間足や日足などで±3σを抜けたときは注意が必要です」というのが小池さんの意見です。

ファンダメンタルズ要因で相場が大きく動いたときはテクニカル指標を無視した動きになりやすいため、ボリバンそのものが機能しなくなってしまいます。

また、ボリバンに限らず、すべてのテクニカル指標は過去のローソク足を参照して描画されるので、参照期間内でローソク足が±3σを突き抜けるような異常な動きをした場合、その動きも計算に含まれてしまいます。

そのため、ローソク足が大きく動いた場合は、参照期間内にそのローソク足があるうちはテクニカル指標を使ったトレードを避けたほうが良いでしょう。

±3σを突き抜けたらニュースをチェック

相場に異常が発生しているかどうかの判断基準として±3σは活用できます。±3σをローソク足が抜けたら何かニュースが発生していないのかを確認しましょう。（小池さん）

ローソク足が±3σを突き抜けたらイグジットするのもあり

左ページのチャートのようにローソク足が勢いよく±3σを突き抜けたことをイグジット基準にするのもありだと本書に登場する投資家たちはいいます。「徐々に上昇したり下降したときに±3σを突き抜けたときはそれほど気にする必要はありませんが、一気に突き抜けたときはなにかしらの異変が起きています。そのときにポジションを持っているのは危険なので、イグジットしたほうがいい」というのが羽生さんの意見です。

いったんイグジットしよう

ローソク足が±3σを勢いよく抜けたときは、相場に異常が発生している可能性が高いと考えられます。いったんポジションをイグジットして、相場の様子を確認したほうが良いでしょう。（羽生さん）

±3σを勢いよく突き抜けたら危険

2020年3月上旬の米ドル／日本円チャート

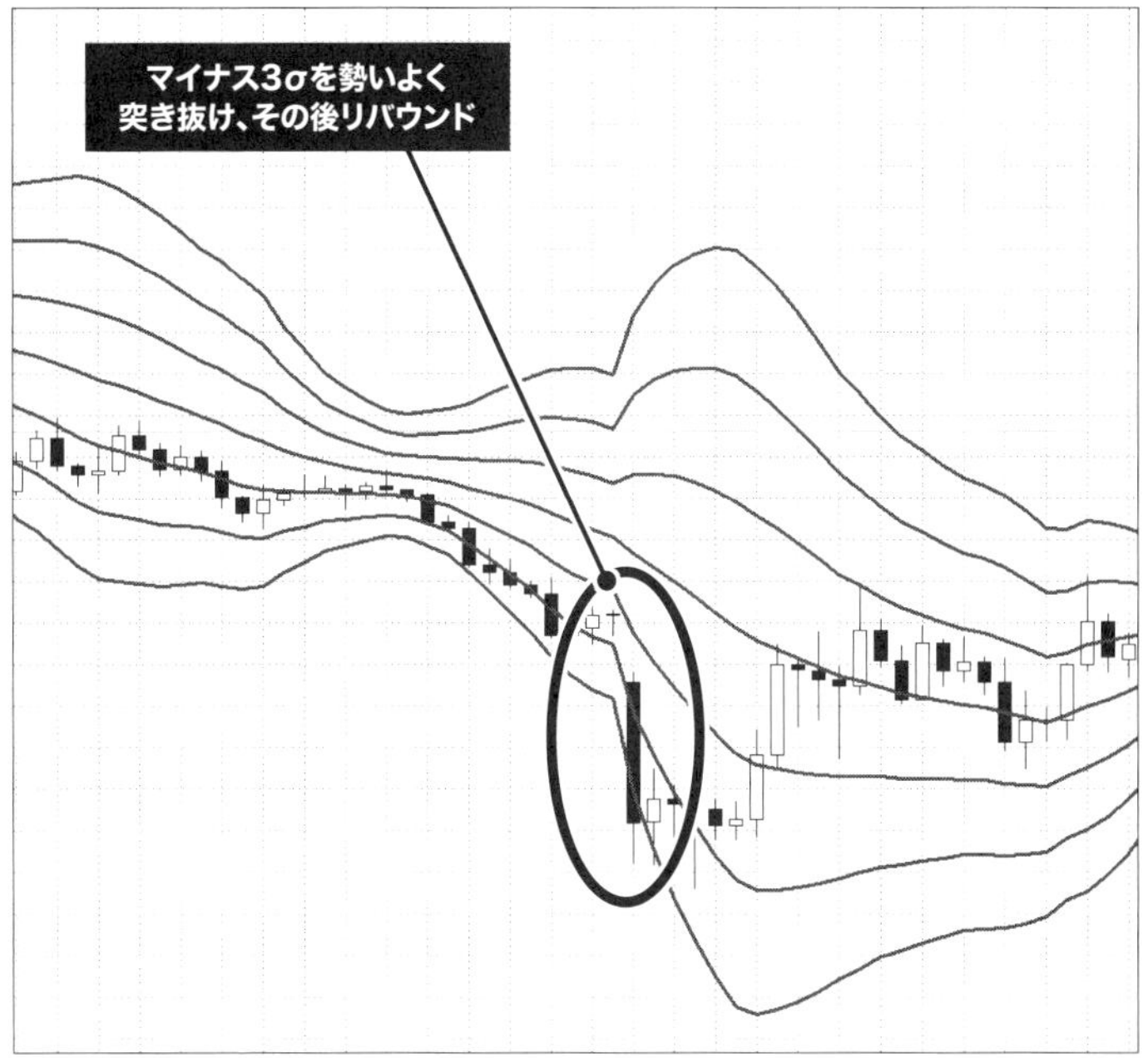

コロナウィルスの影響で大きく下落し、マイナス３σをローソク足が突き抜けている。その後、リバウンドが発生している。

03 バンドウォークを追うのか、追わないのか

利益を追求するなら追う

ボリバンには「バンドウォーク」と呼ばれる状態があります。エクスパンション発生中に、±2σや±3σに沿うようにしてローソク足が推移している状態です。非常に強力なトレンドが出ているときに発生しますが、このときにどのようにトレードするのかは本書で紹介する投資家のなかでも「追う派」と「追わない派」に分かれます。

追う派である依田さんと石川さんは、バンドウォークが発生したら買い増しや売り増しを行います。ボリバンはトレンドを計るツールであり、トレンドフォロー

することがその性質をもっとも有効に使う手法です。そのため、バンドウォークは絶好のエントリーチャンスであり、大きく儲けるためには必要不可欠だという考え方です。

ボリバンの性質を最大限に活用するなら追う

トレンドフォローのためのテクニカル指標であるボリバンの性質を最大限に活かすためには、バンドウォーク発生時に順張りでエントリーすることが重要だと思います。バンドウォークが発生しているということはそれだけ強いトレンドが発生しているので、リバウンドのリスクもありますが、十分すぎるほどのリターンも狙えます。（依田さん）

追わない派の意見はリスクが高い

田口さんはバンドウォークは追わない派です。その理由は「これまでの経験から、私の手法では、リスクに対してリターンが少ないから」だといいます。バンドウォークだと確認できるのは、ローソク足が ±2σや ±3σに沿った状態で3〜4本程度動いたときです。

σラインの角度が急でないときにバンドウォークが形成されたときはまだいいのですが、σラインの角度が急なときにバンドウォークが形成されている場合はリバウンドの危険性があります。また、バンドウォークだと判断できたところからエントリーしても、バンドウォークが続く可能性が高いとは言い切れません。そのため、バンドウォークでのトレードは避けているといいます。

リスクが許容できない

できるだけリスクは抑えたいので、バンドウォークを狙うことはありません。バンドウォークの判断も私には難しい点もバンドウォークでのトレードを避ける理由のひとつでもあります。（田口さん）

バンドウォークとは?

σラインに張り付いて上昇や下降を続ける

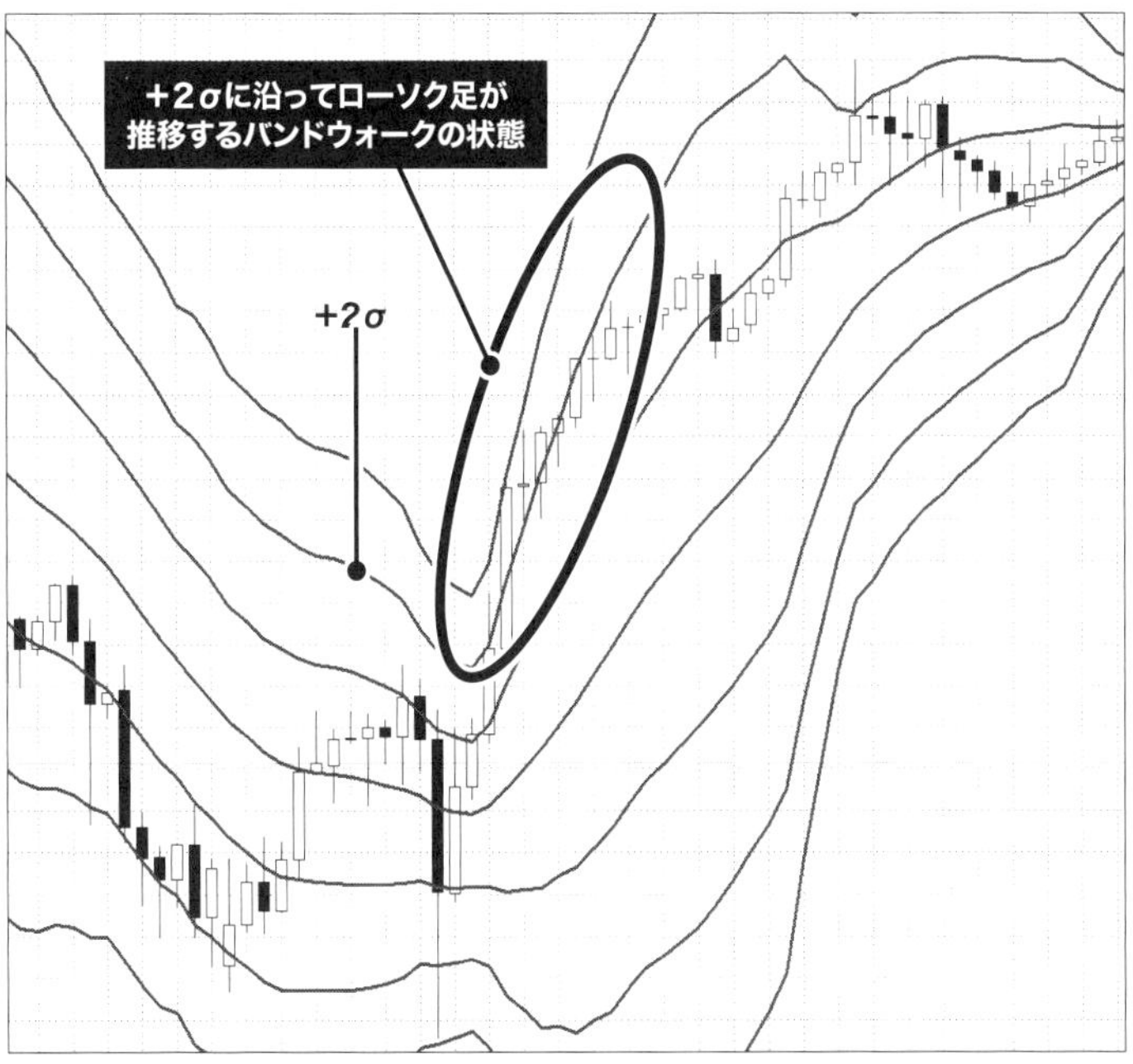

一方方向にローソク足が推移し続けるとバンドウォークになる。トレードするにはタイミングがつかめず難しい状態といえる。

04 ミドルラインの使い方

移動平均線と同様の使い方をする

ミドルラインは計算式が移動平均線と同じなので、基本的に移動平均線と同じ使い方をすれば問題ありません。

ボリバンは参照期間が20や21で設定されることが多いので、中期トレンドの方向性の確認をするために使えます。また、支持線・抵抗線としての機能もあります。

移動平均線の基本的な使い方と同じ

ミドルラインはラインの方向を見てトレンドの判断や、抵抗線&支持線として見るという使い方ができます。（依田さん）

短期や長期の移動平均線との組み合わせも有効

移動平均線としての機能を重視して使うなら、参照期間の違う移動平均線との併用も有効です。参照期間９や14などの短期移動平均線との併用や75や２００のような長期移動平均線と併用してゴールデンクロスやデッドクロスで売買判断するのもいいでしょう。

本書で紹介する投資家の中でも羽生さんは、参照期間75の長期移動平均線とミドルラインのゴールデンクロス・デッドクロスを、売買サインとして利用しています。

移動平均線と組み合わせる

ミドルラインと移動平均線を組み合わせて、エントリータイミングやイグジットタイミングを計るのも有効です。（羽生さん）

トレンド確認に利用する

ミドルラインの方向に注目

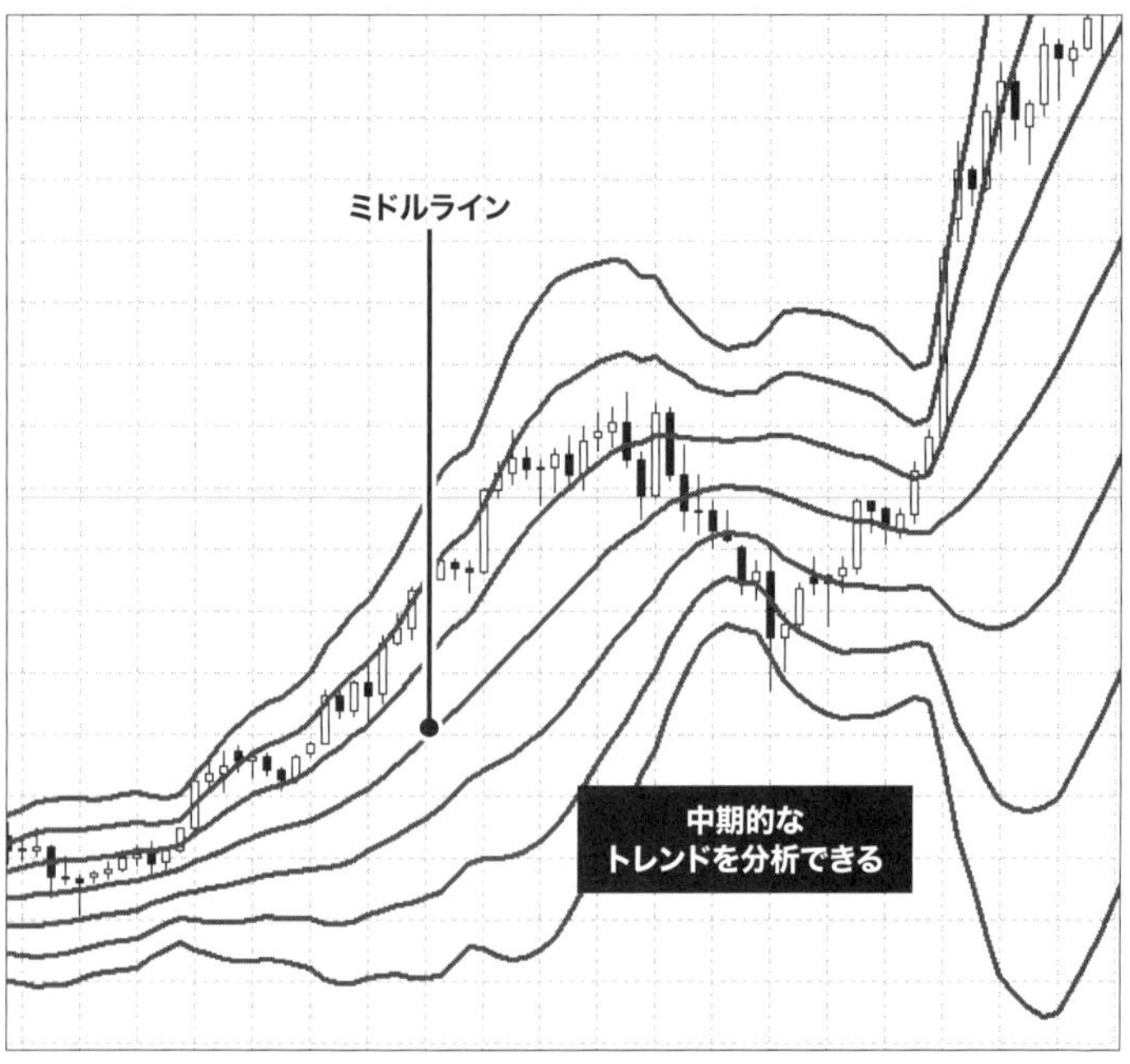

ミドルラインを参照期間「21」の移動平均線として、中期的なトレンドを確認しながらトレードするのも有効。

移動平均線と併用する

長期や短期の移動平均線とのクロスで売買判断をする

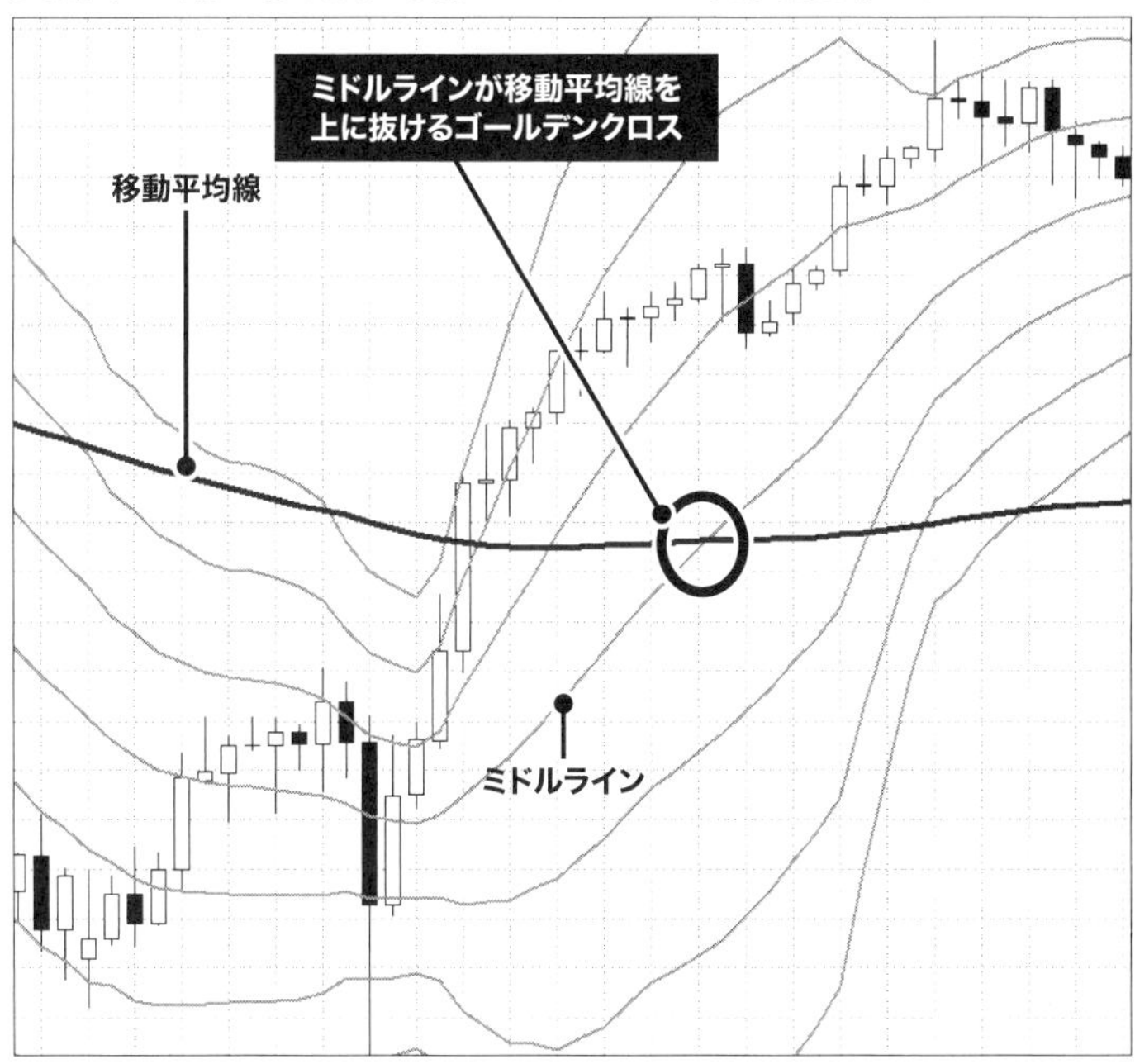

長期移動平均線や短期移動平均線と組み合わせて、売買判断をする。

05

ボリバンの参照期間の設定はどうしたらいい？

参照期間の候補はいくつかある

ボリバンの参照期間は一般的に「20」や「21」と言われていますが、「9」や「10」、「50」、「75」を採用している人もいます。

本書で紹介する投資家は全員「21」で設定していますが、トレードスタイルと使用している時間足で決めるのが良いといいます。

参照期間というのは過去何本分のローソク足の動きを参照に決めるのか設定するものです。たとえば、デイトレードをするのであれば1時間足で9～10に設定すれば、9時間～10時間分の動きを参照にするので適しているといえるでしょう。逆に75に設定してしまうと過去75時間分（3日分）の動きを参照するため、デイトレードをするにはやや長い期間設定になってしまいます。

また、同じ9や10の設定でも4時間足だと36～40時間分の動きを参照することになります。目安としては自分がポジションを保有したい期間プラスα＝時間足×参照期間になるようにするといいでしょう。

トレードスタイルに合わせる

スキャルピングかデイトレード、スイングトレード、長期トレードで適切な参照期間と時間足との組み合わせは異なります。自分のトレードスタイルに合わせて設定しましょう。（山田さん）

迷ったらよく使われている設定にする

参照期間をどうしたらいいのか迷うときは「20」か「21」のいずれかにすると

いいでしょう。

一般的にボリバンの標準的な参照期間は「20」や「21」です。34ページで説明したように使っている人が多いほど、反応をしやすいのは参照期間についても同様です。そのため、一般的によく使われている参照期間に設定するのもひとつの手です。

スイングトレードする場合は、数日〜数週間ポジションを保有するので、日足や4時間足などにボリバンを表示すると、ミドルラインで数日〜数週間のトレンドの方向性を見ることができるので、便利です。

また、4時間足や日足に「20」や「21」の参照期間のボリバンを表示するとエクスパンションやスクイーズが激しすぎず、おとなしすぎない程度に表示されるので、トレードしやすいとも言えます。

よく使われている設定がオススメ

迷ったら「20」か「21」にしましょう。このふたつは大きな違いはないので好みで決めてしまって構いません。ただし、保有期間を考えてデイトレなら1時間足（20時間〜21時間を参照にする）、スイングや長期トレードなら4時間足（80時間〜84時間を参照する）や日足（20日〜21日を参照する）でトレードしたほうがうまくいきやすいです。（小池さん）

06 ボリバンとほかのテクニカルの組み合わせ

移動平均線や雲と相性が良い

ボリバンの本来の使い方は、トレンドの強さを計るものです。逆にボリバン単体では、トレンドの方向性や売買タイミングについては判断しにくいといえます。そのため、それらを判断するためには、ほかのテクニカル指標で補う必要があります。

たとえば、63ページで紹介したように移動平均線を追加してミドルラインとのゴールデンクロスやデッドクロスで売買タイミングを計ります。短期トレードであれば短期移動平均線を表示して移動平均線の向きで短期トレンドを確認し、長期トレードなら長期移動平均線を表示して移動平均線の向きで長期トレンドを確認をするといいでしょう。中期トレンドは参照期間を20や21に設定しているのであればミドルラインの向きで確認できます。

本書で紹介する投資家の中では羽生さん（118ページ参照）が長期移動平均線との併用でトレードを行っています。

トレンドの方向性と売買タイミングを計るという意味では、一目均衡表の雲も相性が良いです。ローソク足が雲より上にあれば上昇トレンド、雲より下にあれば下降トレンドと判断できます。また、ローソク足が雲を突き抜けたり、雲のねじれなどを売買タイミングとして使うことができます。

本書では山田さん（78ページ参照）がローソク足と雲の位置関係によるトレードを行い、田口さん（186ページ参照）が雲のねじれを併用したトレードを行っています。

このようにトレンドの方向性と売買タイミングを計れるテクニカル指標との相性が良いといえます。

移動平均線や雲との組み合わせ

短期や長期の移動平均線と一目均衡表の雲などはボリバンの弱点であるトレンドの方向性や売買タイミングを計れるため、相性が良いです。基本的にエクスパンション中に移動平均線や雲で売買サインが出たらエントリーし、スクイーズでイグジットという考え方で使っていきましょう（羽生さん）

▼オシレーター系との組み合わせも有効

ボリバンはオシレーター系との相性も良いです。オシレーター系の弱点であるだましの多さをボリバンのエクスパンションやスクイーズと組み合わせることで抑えることができます。

また、エクスパンションとオシレーター系の売買サインを組み合わせれば、精

一目均衡表と雲との併用

ローソク足の雲ブレイクとエクスパンションの併用

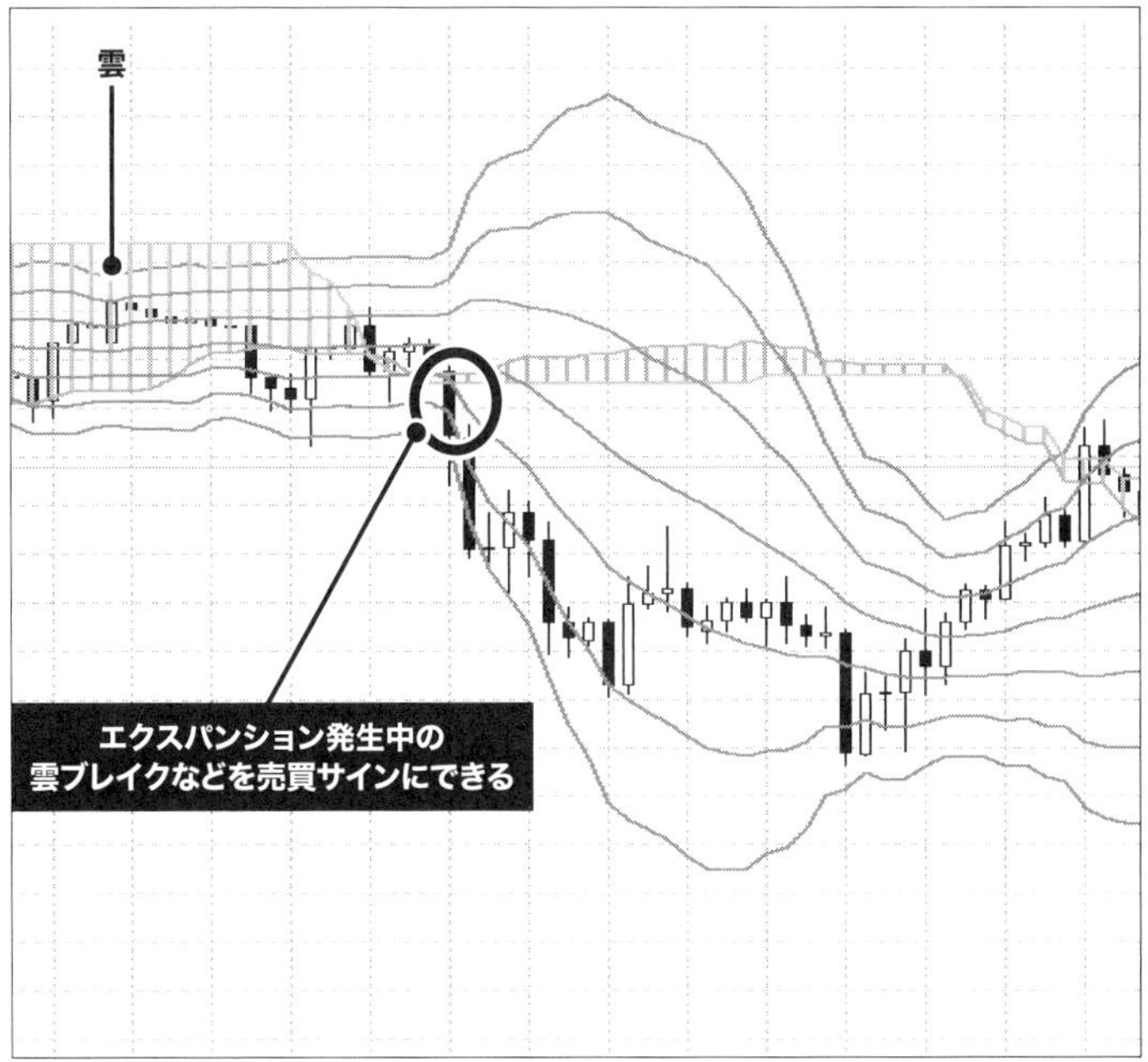

ボリバンとの一目均衡表の雲の組み合わせはボリバンの欠点を補えるので、相性が良い。

度の高いエントリーをすることもできます。

本書で紹介する投資家の中では、小池さん（98ページ参照）がMACD、石川さん（162ページ参照）がADXを利用しています。

また、依田さん（138ページ参照）のようにローソク足の動きとボリバンの動きだけでトレードする投資家もいます。

オシレーターとの組み合わせもオススメ

MACDなどのオシレーター系テクニカル指標はダマシが多いですが、ボリバンのエクスパンションやスクイーズと組み合わせることでダマシを回避したトレードができます。ボリバンが苦手とするトレンドの方向性や売買タイミングもオシレーター系で補うことができます。（小池さん）

オシレーター系とボリバンの相性も良い

MACDとの組み合わせ

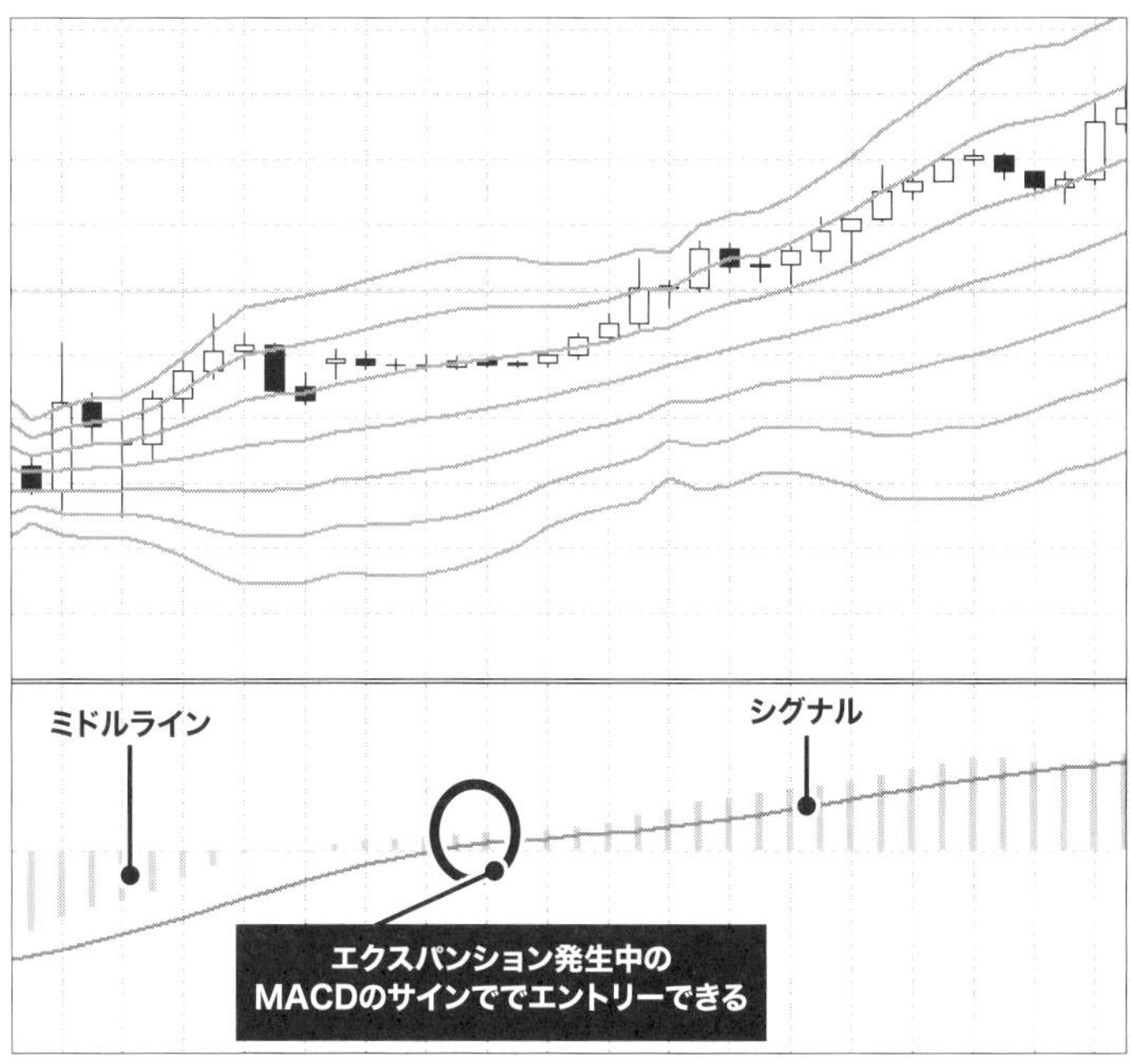

エントリーをエクスパンション中に絞ることでオシレーター系のサインの精度を上げることができる。

第3章

稼ぐ投資家のボリバン手法

実際にボリバンを使って稼いでいる人はどのような手法を使っているのか気になるだろう。ボリバンの本来の使い方を活用して稼ぐ現役投資家6人のトレード手法を解説しよう。

01

山田幸一さんのトレード手法

私の手法のポイント

ボリバンと一目均衡表の雲を組み合わせた順張りの中長期トレードです。ボリバンでトレンドの動きを読み、雲で売買タイミングを計るというのが基本的な考え方です。

山田幸一さん

ボリバンと雲を使う

山田さんの投資手法は、ボリバンでトレンドの勢いを確認し、一目均衡表の雲で売買タイミングを計る中長期トレードです。ポジションの保有期間は、相場の状況やファンダメンタルズの状況によって異なり、数日の場合もあれば、数か月保有することもあります。そんな山田さんのテクニカル指標の設定は次のようになります。

・ボリバン

参照期間「21」
σライン「±1σ」「±2σ」「±3σ」

・一目均衡表

転換線「9」
基準線「26」
先行スパンB「52」

・ローソク足

「4時間足」「日足」「週足」「月足」

月足や週足で相場の流れをつかみ、日足や4時間足で売買サインを待つのが基本スタイルです（82ページ参照）。そのため、ボリバンと雲を表示するのは4時間足と日足のみです。通貨ペアは米ドル／日本円がメインですが、EUやイギリスで相場に影響を与えそうなニュースが出たときは相場状況を見てユーロ／日本円、英ポンド／日本円でもトレードをします。ただし、選挙などの影響が大きすぎるニュースの場合はトレードは控えます。

山田幸一さん

山田さんのチャート画面

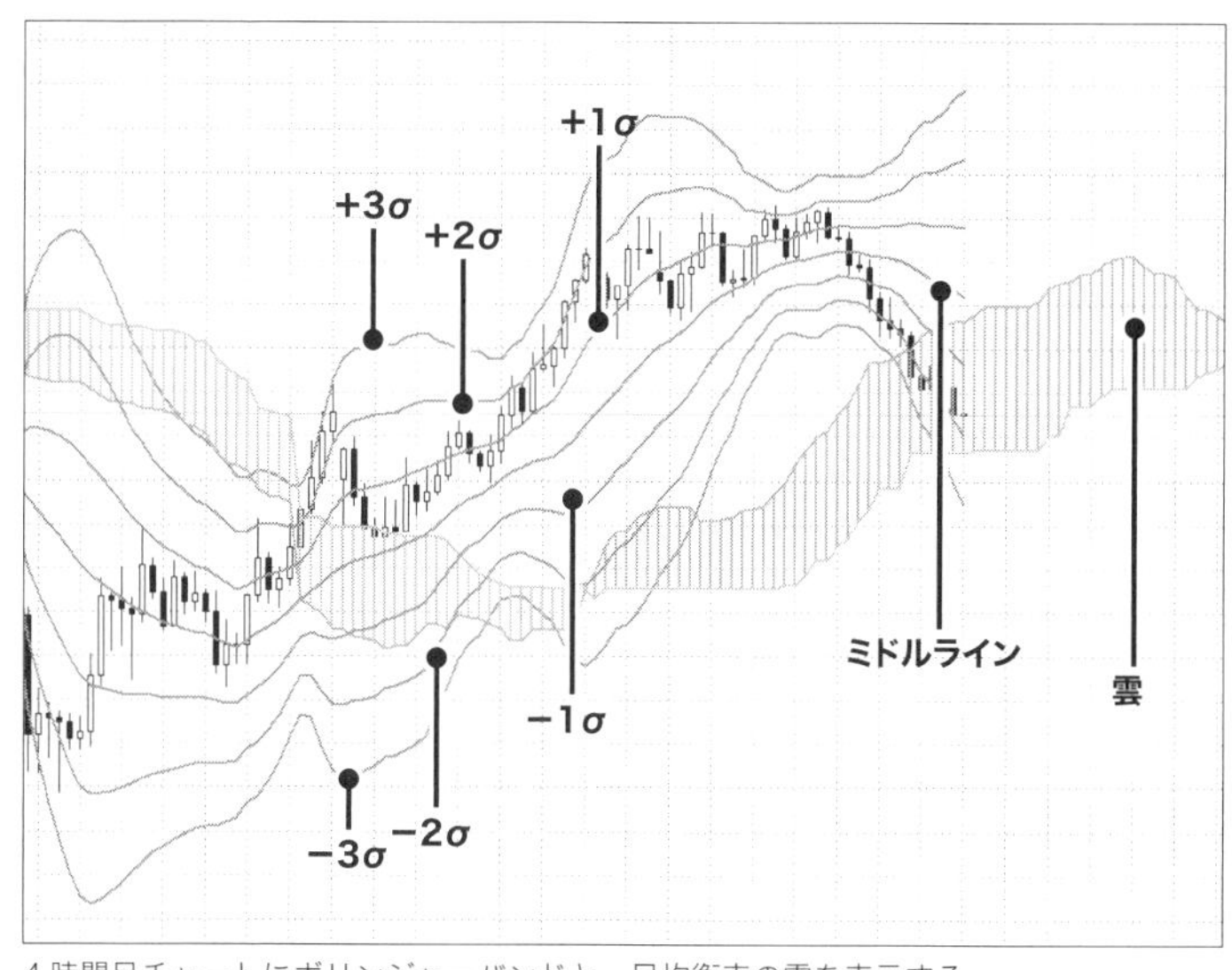

4時間足チャートにボリンジャーバンドと一目均衡表の雲を表示する。

02 エクスパンション中のローソク足と雲で売買判断

私のエントリーのポイント

ボリバンで、エクスパンションが発生しているかどうかを確認し、エクスパンションが発生している場合は、ローソク足が雲を突き抜けたタイミングでエントリーします。

山田幸一さん

ボリバンのエクスパンションが重要

エントリー前に、月足や週足のチャートで、トレンドの方向性を確認します。テクニカル指標は表示せず、パッと見て上昇か下降かだけを確認します。日足が上昇なら買いエントリー、下降なら売りエントリーを狙います。週足のトレンドがはっきりしない場合は、月足のトレンドと同じ方向のエントリーを狙います。

トレンドを確認したら、エントリーするために日足や4時間足チャートのボリバンの動きに注目します。ボリバンの各ラインが広がり始め、エクスパンション（85ページ参照）が形成されそうな状態になっていれば強いトレンドが発生する可能性があります。この状態でローソク足が雲を上に突き抜けたり、雲の上を推移していれば、買いエントリー。ローソク足が雲を下に突き抜けたり、雲の下を推移していれば、売りエントリーします。

エントリーのタイミングはローソク足が雲の上や下で推移していれ場合はいつでもエントリーしてかまいませんが、雲を突き抜けている場合は、ローソク足が確定してからエントリーします。

ボリバンのエクスパンションが重要

この手法において重要なのは毎日チャートをチェックすることです。エクスパンションは頻繁に発生するものではありません。1か月に1回あるかないかといった頻度です。そのため、エントリーチャンスを逃さないようにすることが勝つためには必要です。

複雑な分析ではないので、1日10分もあれば作業は終わります。ローソク足が雲を突き抜けている場合はアラートを設定しておけば、チャートに張り付く必要もないので、生活に影響が出ないでしょう。

売りサイン

月足や日足で下降トレンドを確認後、4時間足でエクスパンションが発生中にローソク足が雲を下に突き抜けるか、下で推移しているとき

月足や日足で上昇トレンドを確認後、4時間足でエクスパンションが発生中にローソク足が雲を上に突き抜けるか、上で推移しているとき

エントリーのタイミング

買いエントリー

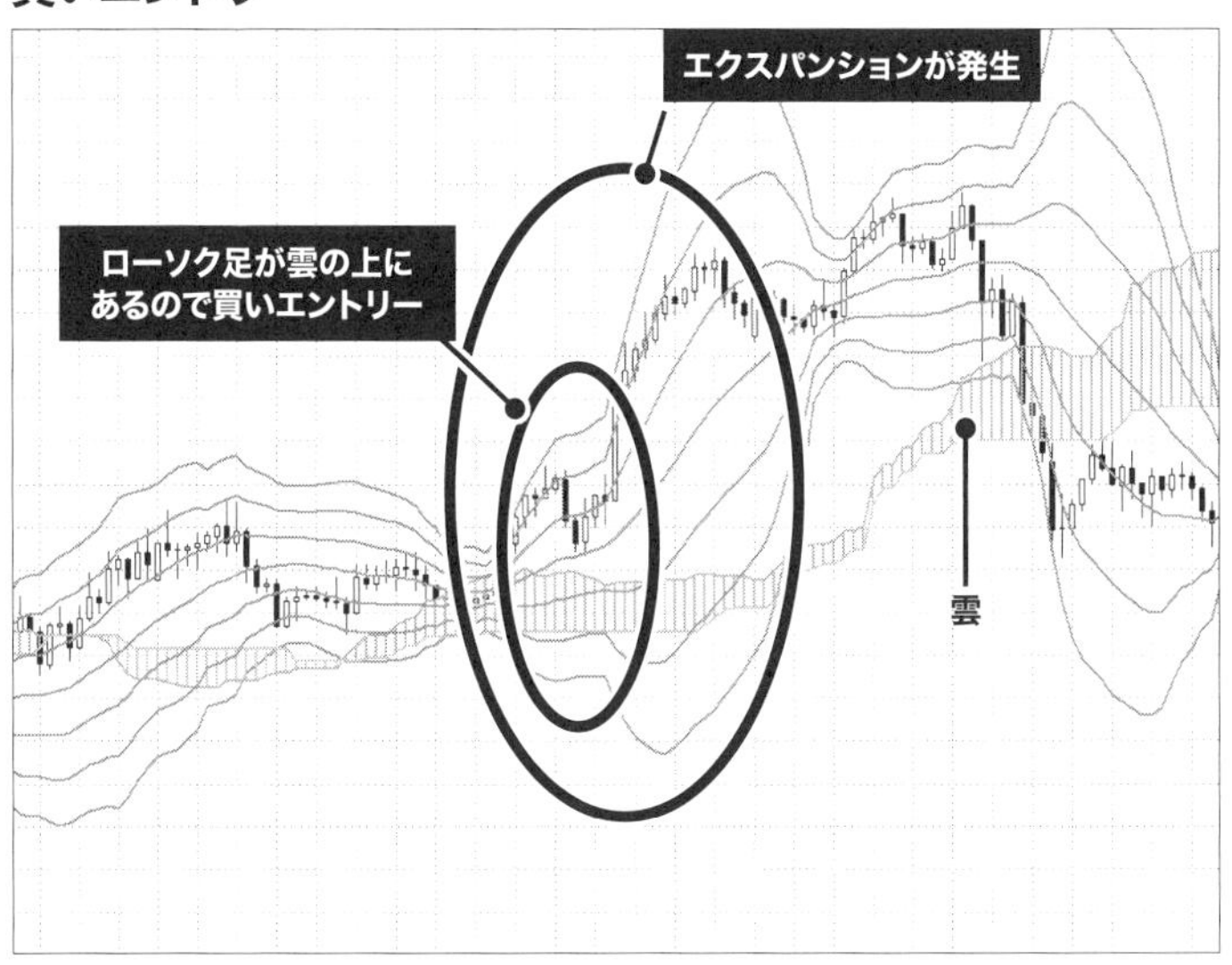

エクスパンションが発生中にローソク足が雲の上になるので買いエントリー。

03

スクイーズが発生したらイグジット

私のイグジットのポイント

ボリバンの動きやローソク足とミドルラインの関係を見て、イグジット判断をします。ボリバンの動きで判断する場合は、ダマシを避けるためにミドルラインの傾きに注目します。

山田幸一さん

ボリバンのスクイーズでトレンド終了

イグジットのタイミングはふたつあります。

ひとつめのイグジットのタイミングはボリバンの動きで判断します。ボリバンでエクスパンションが終わりスクイーズ（89ページ参照）が発生したらトレンドが終了したと判断します。ただし、エクスパンション中に一時的にスクイーズの形になることもあるため、ボリバンの各ラインが収縮していることだけを理由にしてスクイーズと判断するとダマシになってしまいます。

ダマシを避けるためには、ミドルラインに注目します。スクイーズの形になっているときにミドルラインの傾きが緩やかになったり、逆向きになっていたら、スクイーズと判断してイグジットします。これをするだけで、ダマシの可能性を抑えることができます。

ローソク足がミドルラインを突き抜けたらイグジット

ふたつめのイグジットはローソク足がミドルラインを尽き抜けたタイミングで

行います。

買いエントリーの場合はローソク足がミドルラインを下に突き抜けたとき、売りエントリーの場合はローソク足がミドルラインを上に突き抜けたときです。ローソク足がミドルラインを突き抜けたときは、トレンド転換の可能性が高いので、リスクを避けるためにこのタイミングでイグジットします。

ただし、押し目や戻りでローソク足がミドルラインで反発する可能性もあるため、ローソク足がミドルラインを突き抜けた状態で確定したのを確認してからイグジットします。

山田幸一さん

イグジットのタイミング

スクイーズが始まったらイグジット

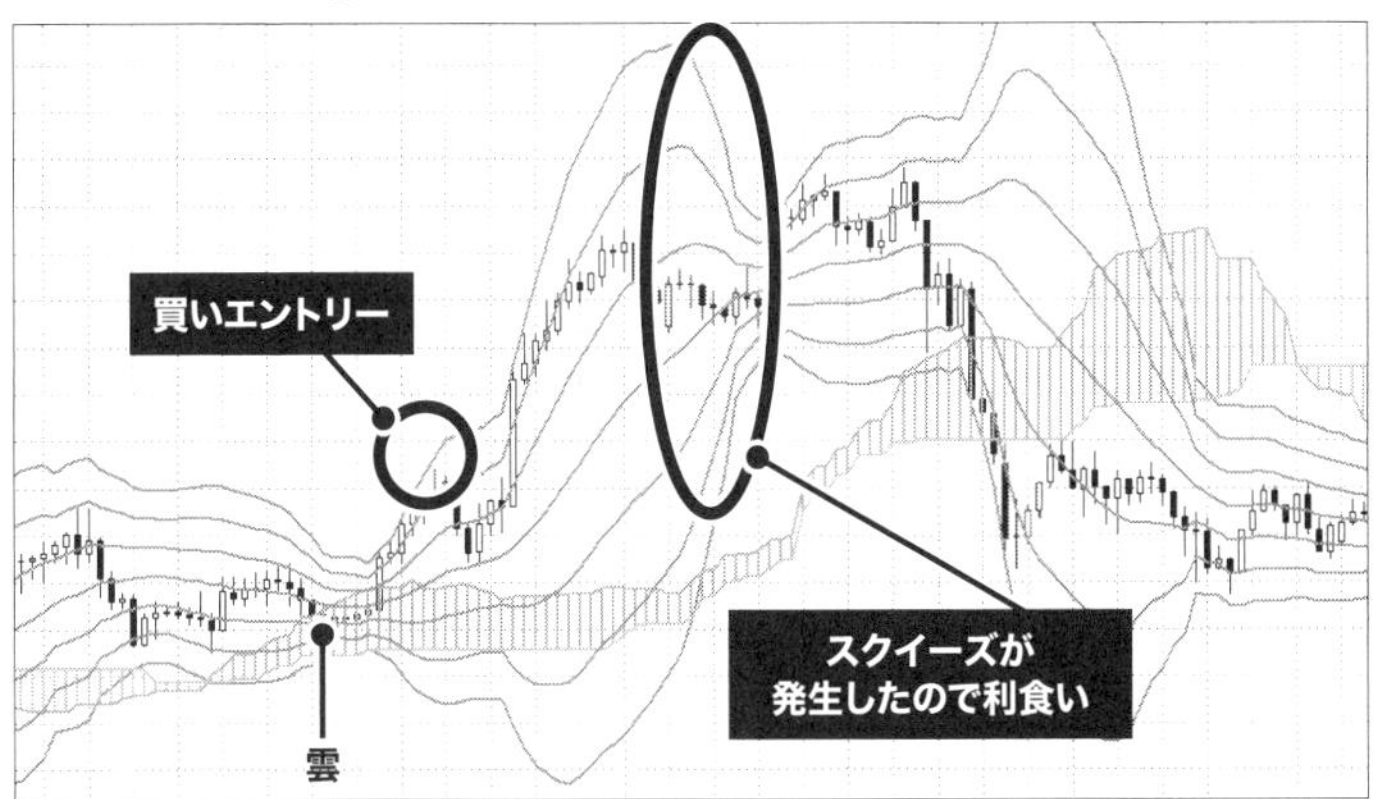

エクスパンションが終わり、スクイーズに切り替わったのを確認したら利食いする。

ミドルラインを突き抜けたらイグジット

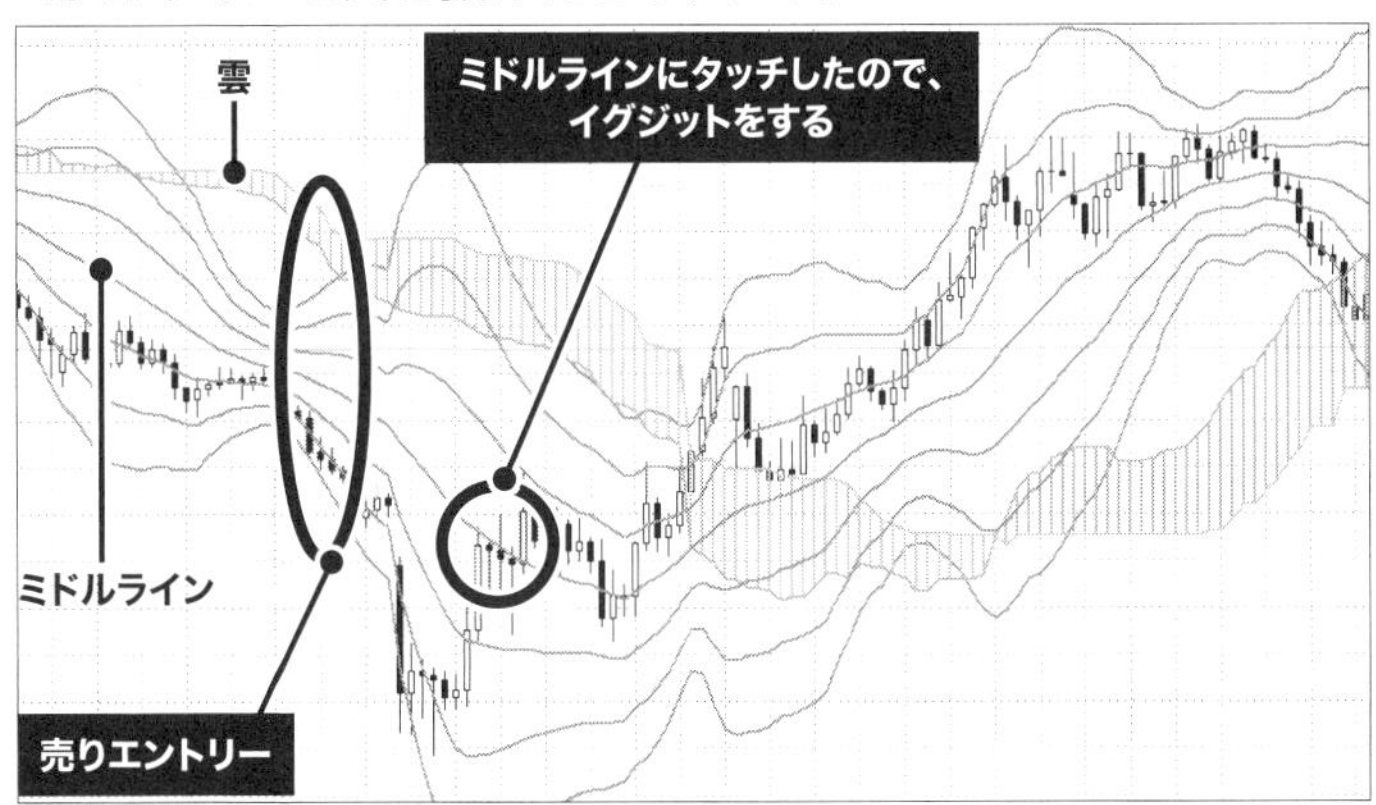

ミドルラインを突き抜けたタイミングでイグジット。ミドルラインを突き抜ける前後でスクイーズに切り替わりやすい。

04

エントリー直後のローソク足の動きは要チェック

私のイグジットのポイント

エントリー直後に勢いよくローソク足が動いた後に大きくリバウンドした場合は失敗トレードになる可能性が高く、そのままポジションを保有していると大きな損失になるため、イグジットします。

山田幸一さん

σラインで反発したら利食い

山田さんがトレードを失敗したと判断する基準はエントリー後、ローソク足がリバウンドしたときです。エクスパンション時にはローソク足は勢いよく動く傾向があります。エントリー方向に動けば大きな利益になりますが、リバウンドしてしまったときはすぐにイグジットしないと損失が膨れ上がってしまいます。

目安としては、エントリーしてからローソク足5〜6本の間でローソク足が雲の中まで戻ってしまったときはイグジットします。トレード中は欲張って「この後また戻るだろう」と考えてしまいがちですが、思い切ってイグジットすることが勝つためには必要です。

リバウンド後のエントリーサインに注意

リバウンド後の流れでスクイーズ↓エクスパンションと変化し、エントリーサインが出た場合は注意が必要です。テクニカル全般にいえますが、その性質上、短期間でローソク足が激しく動くとだましが発生しやすくなります。

左ページのチャートでは売りエントリーの一連の動きの後、リバウンドからの流れでダマシの買いサインが出ています。このような場合はエントリーは避けます。

ダマシかどうかを見分けるポイントは、リバウンド後短期間のうちに売買サインが出たときです。左ページチャートの場合は、リバウンドからローソク足20本目（約3日後）でサインが出ています。山田さんは具体的にローソク足何本なら短期間なのかという基準はありませんが、体感的にこれは短いなと思ったらエントリーは避けているといいます。

「トレードに慣れておらず、体感的な感覚がつかめないのであれば、リバウンドから1週間程度はエントリーしないというルールを作るのもいいでしょう」と山田さんは言います。

山田幸一さん

トレードを見切るタイミング

ローソク足が雲の中に戻ったとき

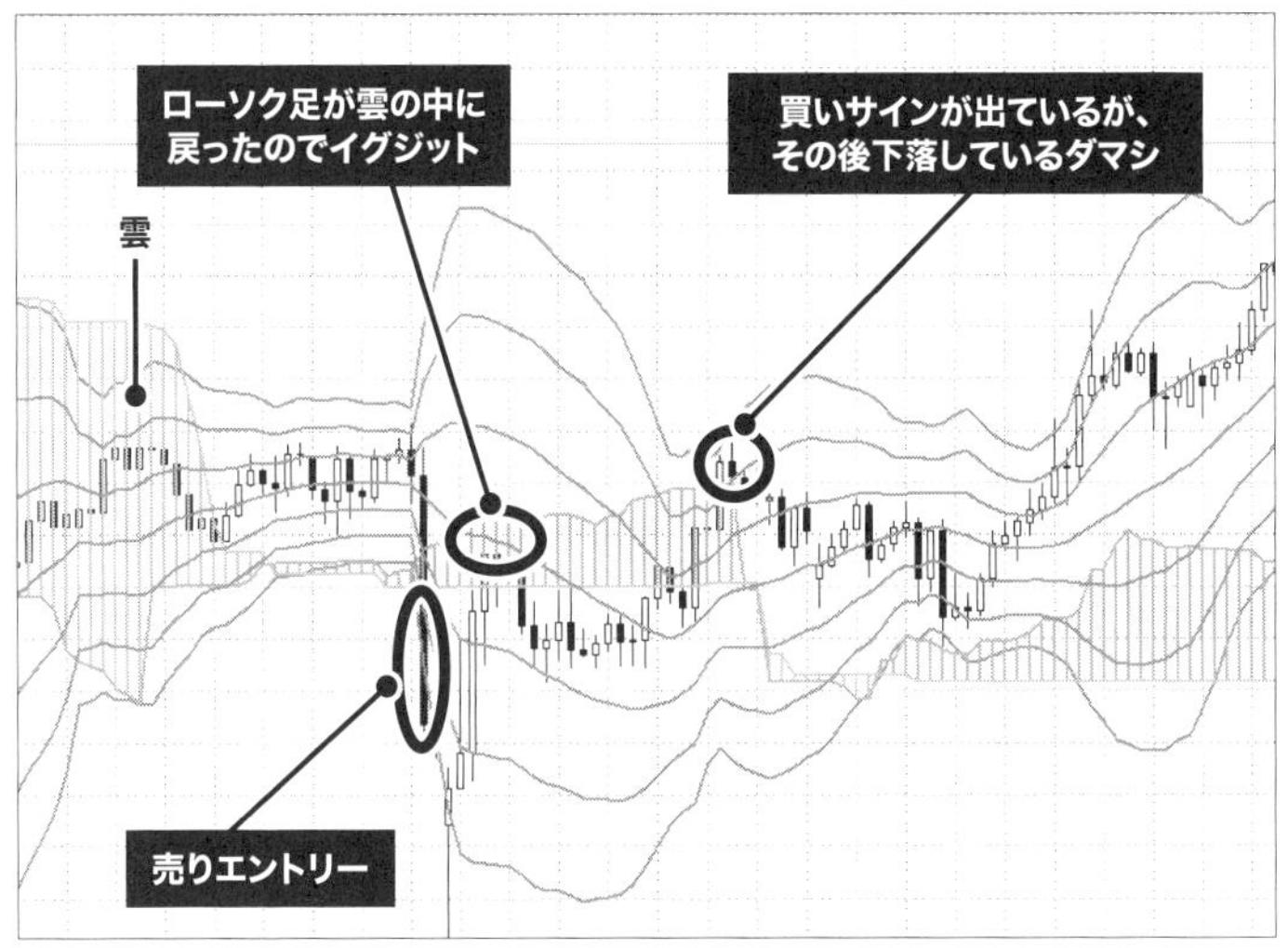

売りエントリー後、ローソク足が雲の中に戻ったのでイグジット。リバウンド後のサインはダマシになりやすいので注意。

05

儲けるためのテクニック

テクニック1 損切りで必要以上に落ち込まない

トレードをしているとどうしても損切りをすることがあります。損切りをした場合、原因を考えることは重要ですが、深く落ち込む必要はありません。100％勝てる手法はないのですから、多少の損失（失敗）は必要経費と割り切りましょう。

山田さんの手法の場合、86ページによるイグジットで損失を出した場合は、あまり深く考える必要はないといいます。「私の手法上、避けられない損失なので考えるだけ無駄です。それよりもリバウンドによる損失が多くなった場合は、手法が相場に合わなくなってきた可能性があるので、手法そのものの見直しをする必要があります」

山田幸一さん

ルールどおりなら損失は気にしない

損切りをしても落ち込まない

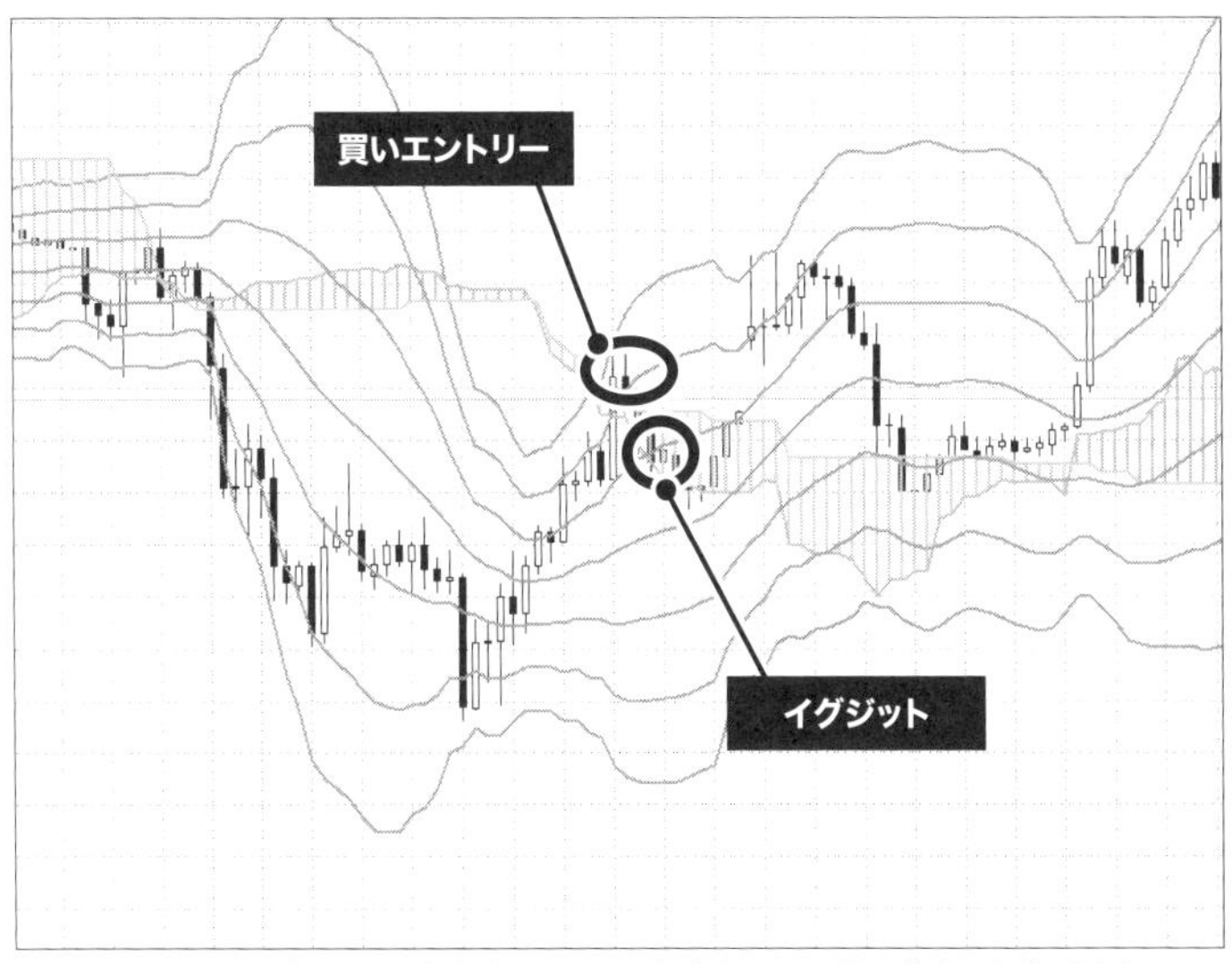

このトレードによる損失は手法上避けられない損失なので、深く落ち込む必要はない。

テクニック2 ファンダメンタルズ要因で動いたときはトレードを避ける

相場は世界経済にかかわるニュース（ファンダメンタルズ）によっても動きます。ファンダメンタルズ要因で相場が動いているときはテクニカルを無視した動きになるので、これまで説明した手法では勝つことができません。そのため、トレードは避けるようにしましょう。

とくにアメリカの総選挙などのような米ドルに大きな影響を与えるニュースや2020年に発生したコロナウィルスのような世界中に影響を与えるニュースが発生した場合は、パニック状態になり、人の心理だけで相場が動くのでトレードから離れた方が賢明です。

「ファンダメンタルズ要因で相場が動いているときに無理にトレードしてもリスクに対するリターンが少ないので、トレードする意味もあまりありません。休憩期間と割り切って、FX以外のことをするのもいいでしょう」

実際、山田さんもアメリカの総選挙時やコロナウィルス発生時は相場から離れています。

山田幸一さん

ファンダメンタルズ要因の動きに注意

2020年の2月～3月の米ドル／日本円のチャート

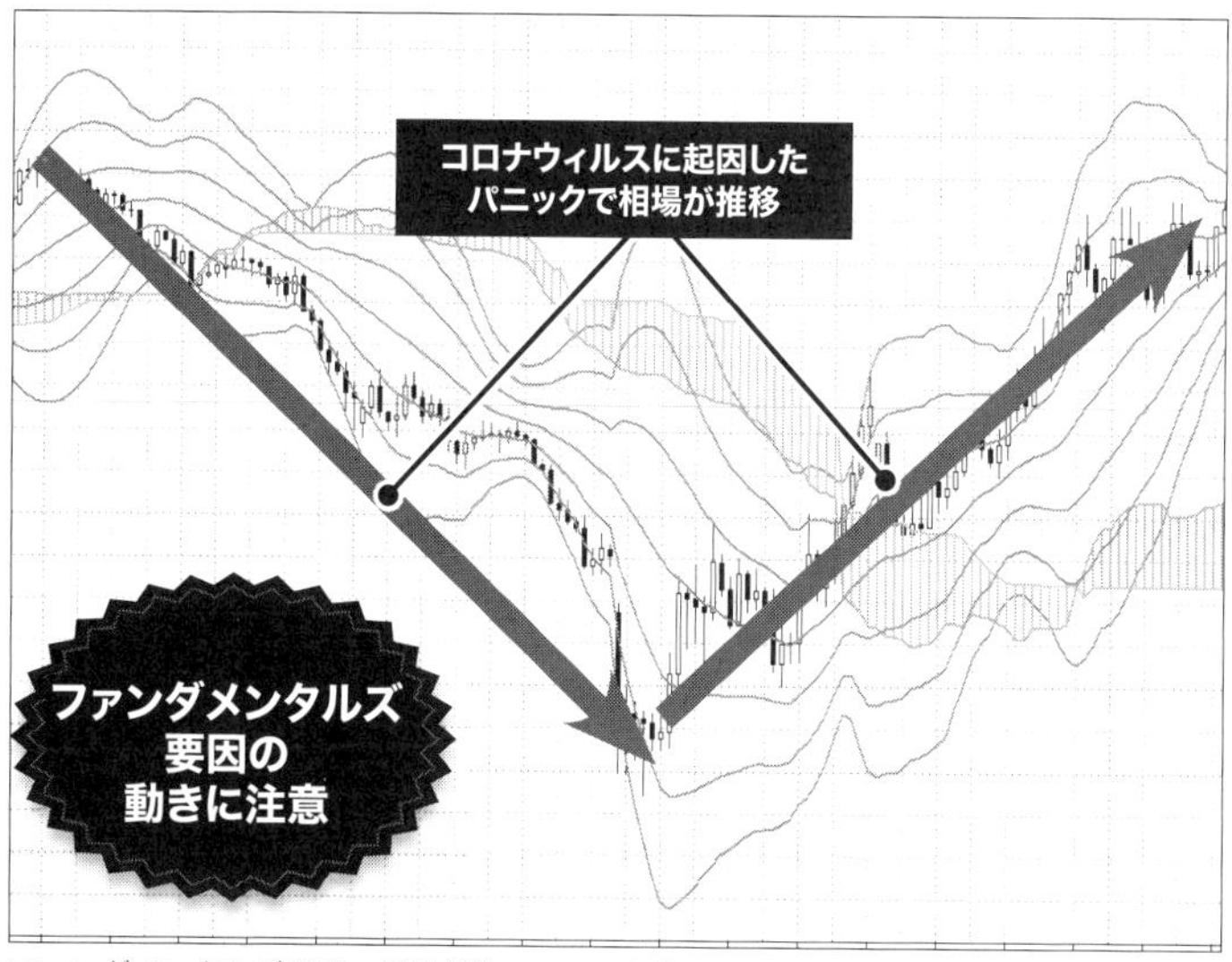

ファンダメンタルズ要因で相場が動いているときはテクニカル指標を無視して動くため、トレードを避ける。

ボリバンとＭＡＣＤでタイミングをはかる

01

小池加奈子さんの手法

私の手法のポイント

ボリバンとＭＡＣＤを組み合わせたトレード手法です。ボリバンがエクスパンション時にＭＡＣＤでサインが出ればトレードします。相場の状況にもよりますが数日～数週間程度ポジションを保有する傾向があります。

小池加奈子さん

ボリバンとMACDを使う

小池加奈子さんのトレード手法は、ボリバンとMACDを使った順張りトレードです。ボリバンでトレンドの強さをはかり、MACDで売買タイミングを見極めます。小池さんのチャート環境は次のようになります。

・ボリバン
参照期間「21」
σライン「±1σ」「±2σ」「±3σ」
・MACD
短期EMA「12」長期EMA「26」シグナル「9」
・ローソク足
「1時間足」「4時間足」

使用している通貨ペアは米ドル／日本円がメインですが、米ドル／日本円で売買サインが出ていない場合は、ユーロ／日本円や英ポンド／日本円、ユーロ／米ドルなどのチャートを見てサインが出ていればトレードします。

また、ＭＡＣＤは左ページのチャートのようにＭＡＣＤのラインがヒストグラムで表示されるものを利用します。

小池加奈子さん

小池さんのチャート画面

ボリバンとMACDを表示する

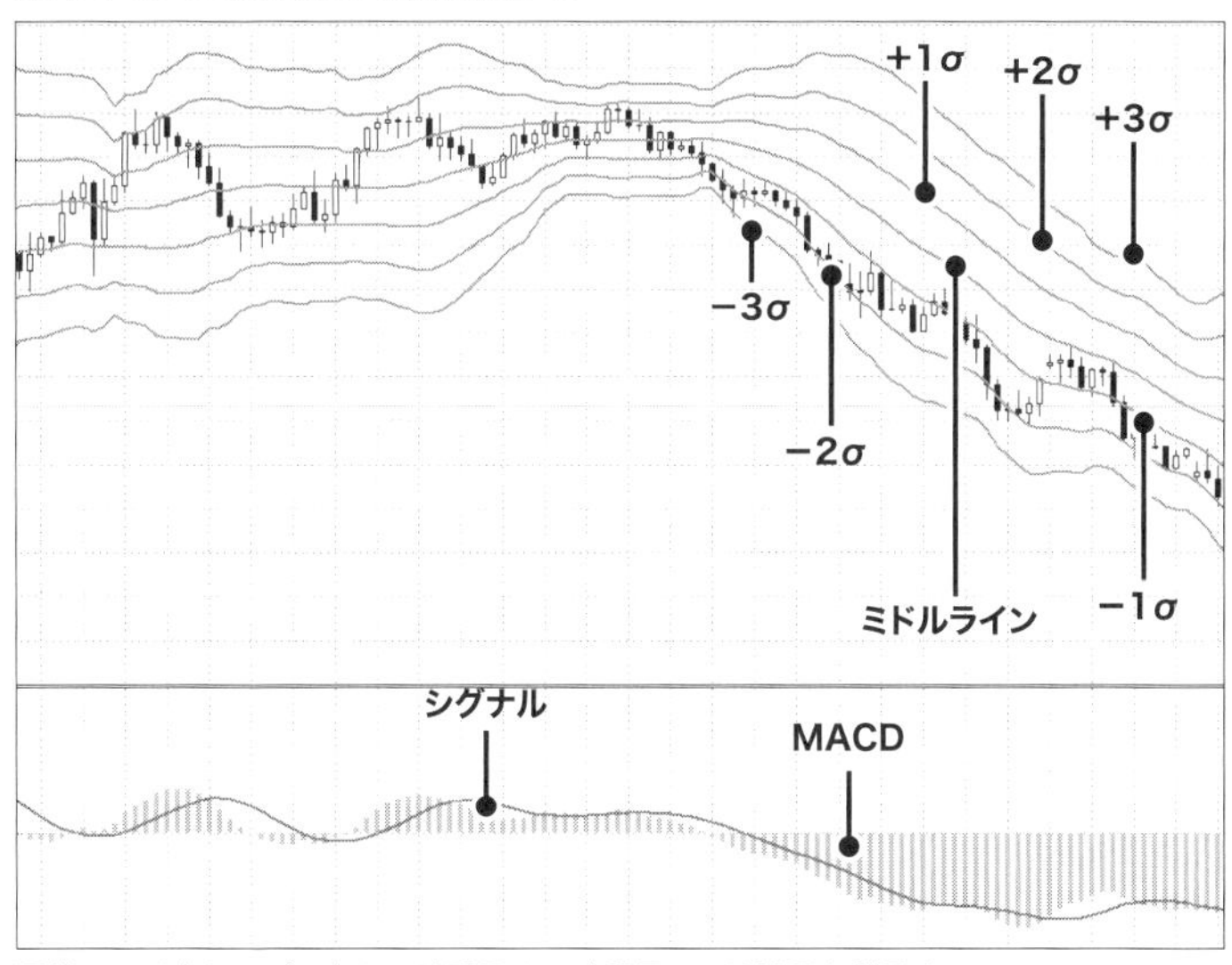

通貨ペアは米ドル／日本円。時間足は 1 時間足、4 時間足を利用する。

ボリバンでトレンドが強いときを見極める

02
MACDとシグナルのクロスがエントリータイミング

私のエントリーのポイント

ボリバンのσラインでトレンドの強さを判断し、ミドルラインでトレンドの方向を確認します。MACDとシグナルのクロスでエントリーをします。

小池加奈子さん

σラインでトレンドを判断する

エントリー前に、トレンドの強さと方向をボリバンで確認します。エクスパンションが発生していればトレンドが強い状態。さらにミドルラインが上向きなら上昇トレンド、下向きなら下降トレンドと判断します。ミドルラインの方向が定まっていない場合は、トレンドの方向がわからないためトレードしません。

エントリーのタイミングは2つあります。ひとつめは、MACDとシグナルのクロスを狙ったもので、上昇トレンドのときはMACDがシグナルを上に抜けたときに買いエントリー、下降トレンドのときはMACDがシグナルを下に抜けたら売りエントリーします。

ふたつめのエントリータイミングは、エクスパンションが発生しているときにすでにMACDとシグナルがクロスしていた場合です。このときは、押し目や戻りを狙ってエントリーします。

具体的には、エクスパンション後、MACDとシグナル、ミドルラインが上昇（下降）を続けているなかで、ローソク足が下落（上昇）したあとに再び上昇（下降）したときです。
この時注意したいのは、下落（上昇）しすぎたときはエントリーしてはいけません。基本的にはローソク足1～2本分下落（上昇）したときはエントリーしますが、それ以上に下落（上昇）したときはエントリーを見送ります。

売りサイン

エクスパンションが発生し、ミドルラインが下向きのときにMACDがシグナルを下に抜けたとき
エクスパンションが発生し、ミドルラインとMACD、シグナルが下向きのときにローソク足が上昇後下落したとき

買いサイン

エクスパンションが発生し、ミドルラインが上向きのときにMACDがシグナルを上に抜けたとき
エクスパンションが発生し、ミドルラインとMACD、シグナルが上向きのときにローソク足が下落後上昇したとき

小池加奈子さん

エントリータイミング

MACDとシグナルのクロスによるエントリー

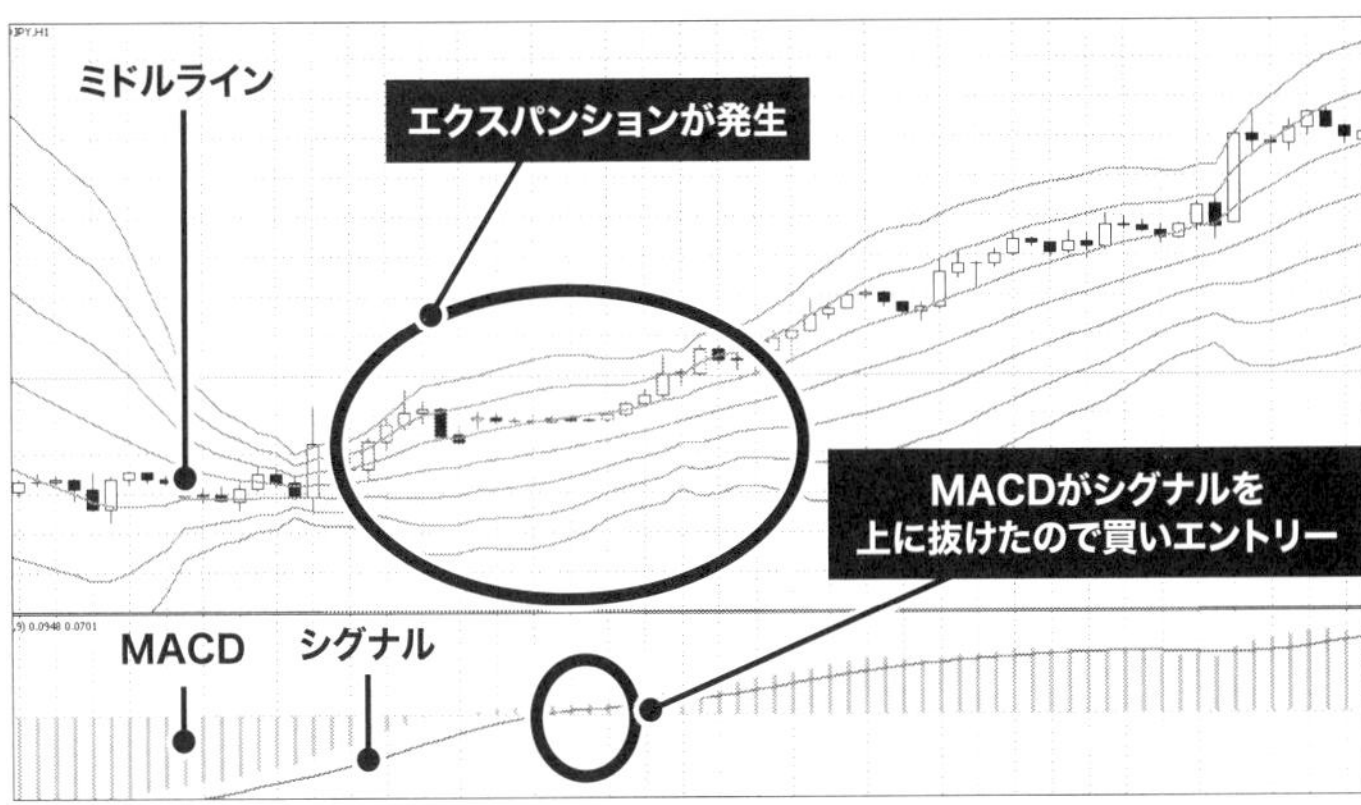

エクスパンション中にミドルラインが上向きなのを確認後MACDがシグナルを上に抜けたので買いエントリー。

押し目を狙った買いエントリー

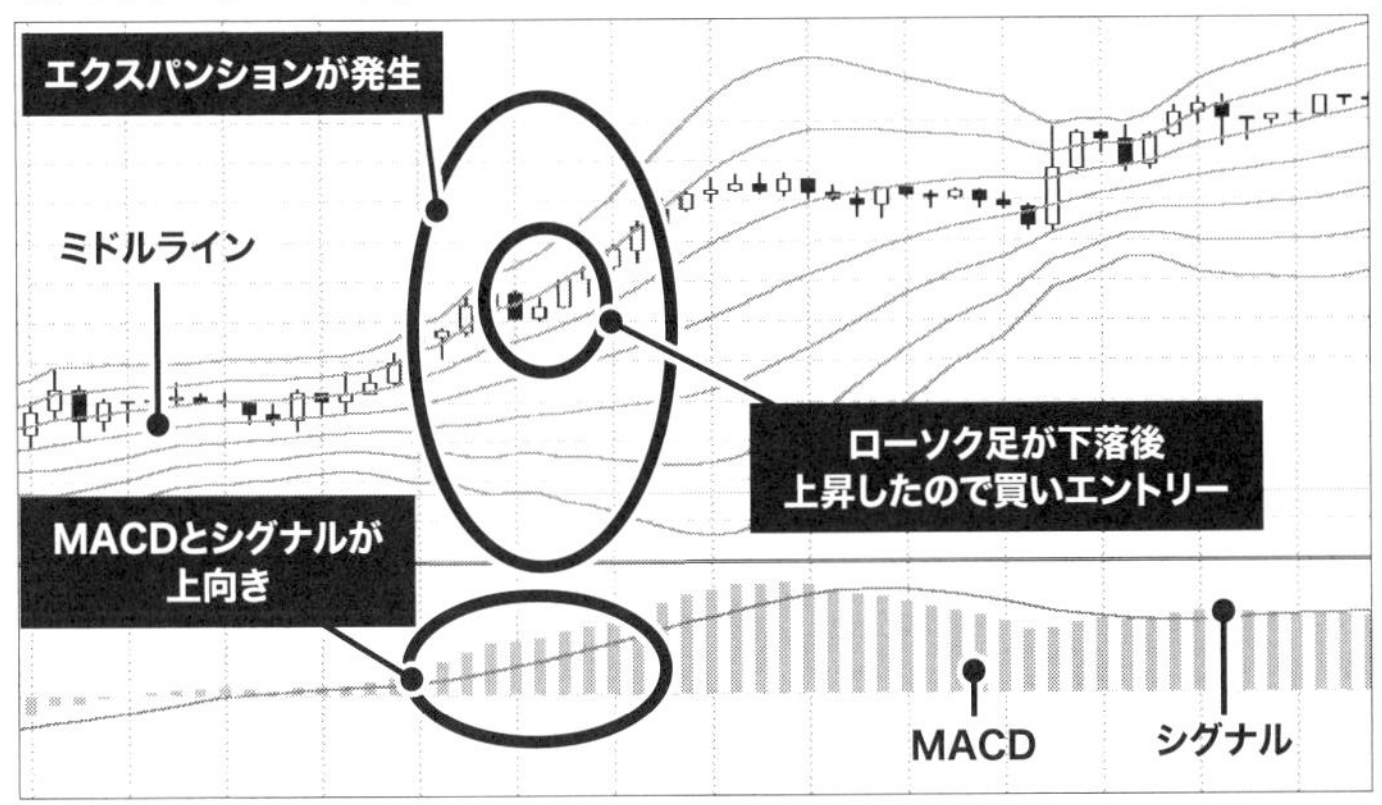

シグナルとMACD,ミドルラインが上昇中にローソク足が押し目を作ったので買いエントリー。

03

イグジットもMACDとシグナルで判断

私のイグジットのポイント

イグジットは基本的にMACDとシグナルのクロスで判断します。ただし、ファンダメンタルズ要因で相場が急変しそうな場合は、チャートの動きを確認せずにイグジットします。

小池加奈子さん

MACDとシグナルがクロスしたらイグジット

イグジットのタイミングはふたつあります。

ひとつめのイグジットのタイミングはエントリーのときと同様にMACDとシグナルのクロスで判断します。

買いエントリーの場合は、MACDがシグナルを下に抜けたらイグジット。売りエントリーの場合は、MACDがシグナルを上に突き抜けたらイグジットします。

エントリー直後にこのサインが出る場合もありますが、そのときはエントリーに失敗したと割り切ってイグジットしましょう。

要人発言などで相場急変しそうなときはイグジット

ふたつめのイグジットのタイミングは要人発言などの重大ニュースで相場が急変しそうなときです。

小池さんの手法はポジションを数日～数週間保有することがあります。そのため、ファンダメンタルズ要因で相場が動いてしまった場合、大きな損失が発生してしまう場合があります。そのため、要人発言などのニュースが発生したら、相場に影響が出る前にイグジットすることでリスクを回避します。

小池加奈子さん

イグジットタイミング

MACDとシグナルがクロスしたらイグジット

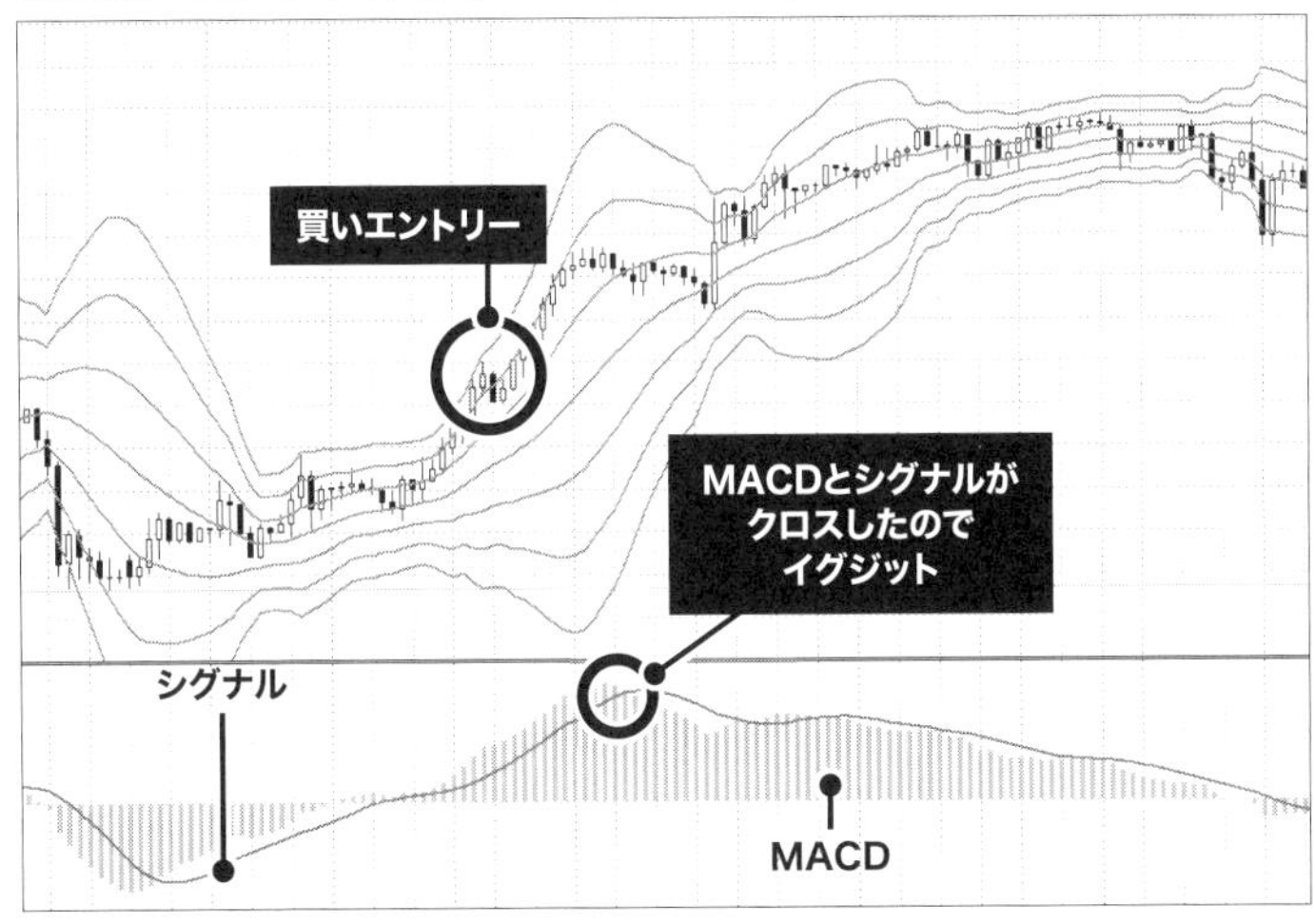

買いエントリー後、MACDとシグナルがクロスしたのでイグジットする。

04 エントリー直後のローソク足反転は失敗と判断

私のイグジットのポイント

エントリー直後にローソク足が反転した場合はすぐにイグジットします。この動きをしたときは反転した方向に相場が大きく動きやすいため、早めにイグジットして損失を抑えます。

エントリー直後にローソク足が反転したらイグジット

トレードに失敗したと判断してイグジットする基準はエントリー直後のローソク足の反転です。

エクスパンション発生直後は、いったん下落したローソク足がすぐに急激に上昇したり、いったん上昇した直後に急激に下降する動きをしやすい傾向があります。

102ページで解説したMACDとシグナルのクロスを待っていると損失が急激に膨らんでしまう可能性もあるので、ローソク足の反転を確認したらすぐにイグジットします。

リスクを抑えるならエクスパンション発生直後のエントリーを避ける

投資資金が少なく、リスクをできるだけ抑えたい場合はエクスパンション発生直後にエントリーするのを避けるのもひとつの手です。エントリーチャンスは少なくなってしまいますが、102ページで解説した押し目や戻りを狙ったエントリーだけに絞れば、リスクを抑えながらトレードできます。

「ＦＸで勝つためには、リスク管理が必要です。特に投資資金が少ないうちは、無理にトレードしてしまうとあっという間に相場からの退場を余儀なくされます。慣れないうちは押し目・戻りだけを狙い、トレードに慣れたり、投資資金が増えたらエクスパンション直後のトレードをするのもいいでしょう。」

イグジットタイミング

ローソク足が反発したらイグジット

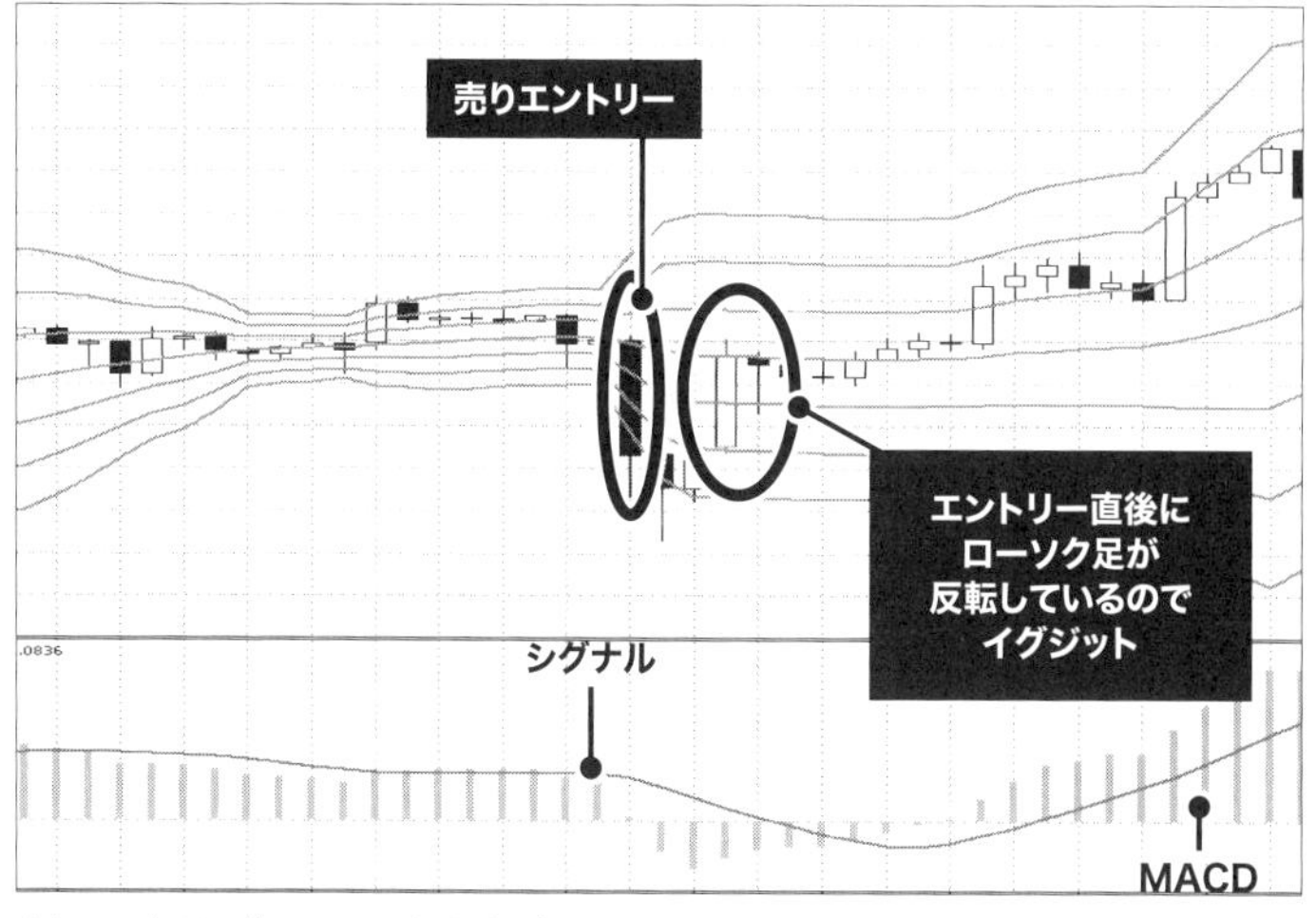

売りエントリー後、ローソク足が反転したので、イグジットする。

05 儲けるためのテクニック

テクニック1 値動きが激しいときは厳密に考えずにエントリー

小池さんはリスクをできるだけ抑えることを考えてトレードをしています。リスク管理の一環として、相場が異常な動きをしたあとは1週間ほどトレードを控えることにしています。

左ページのチャートは2019年1月の4時間足チャートですが、1月3日に急激に下落しています。この原因はアップルの売上高の下方修正による下落からシステムトレード（AI）が反応したのが原因と言われていますが、前後の動きに比べ異常なほどに大きく値が動いています。このようなときは、テクニカル指標が効きにくくなり、市場参加者がパニック売り・パニック買いしやすいため、相場の動きが読めないので、トレードを控えます。

小池加奈子さん

異常な値動きをしたときはトレードを控える

2019年1月3日の異常な値動き

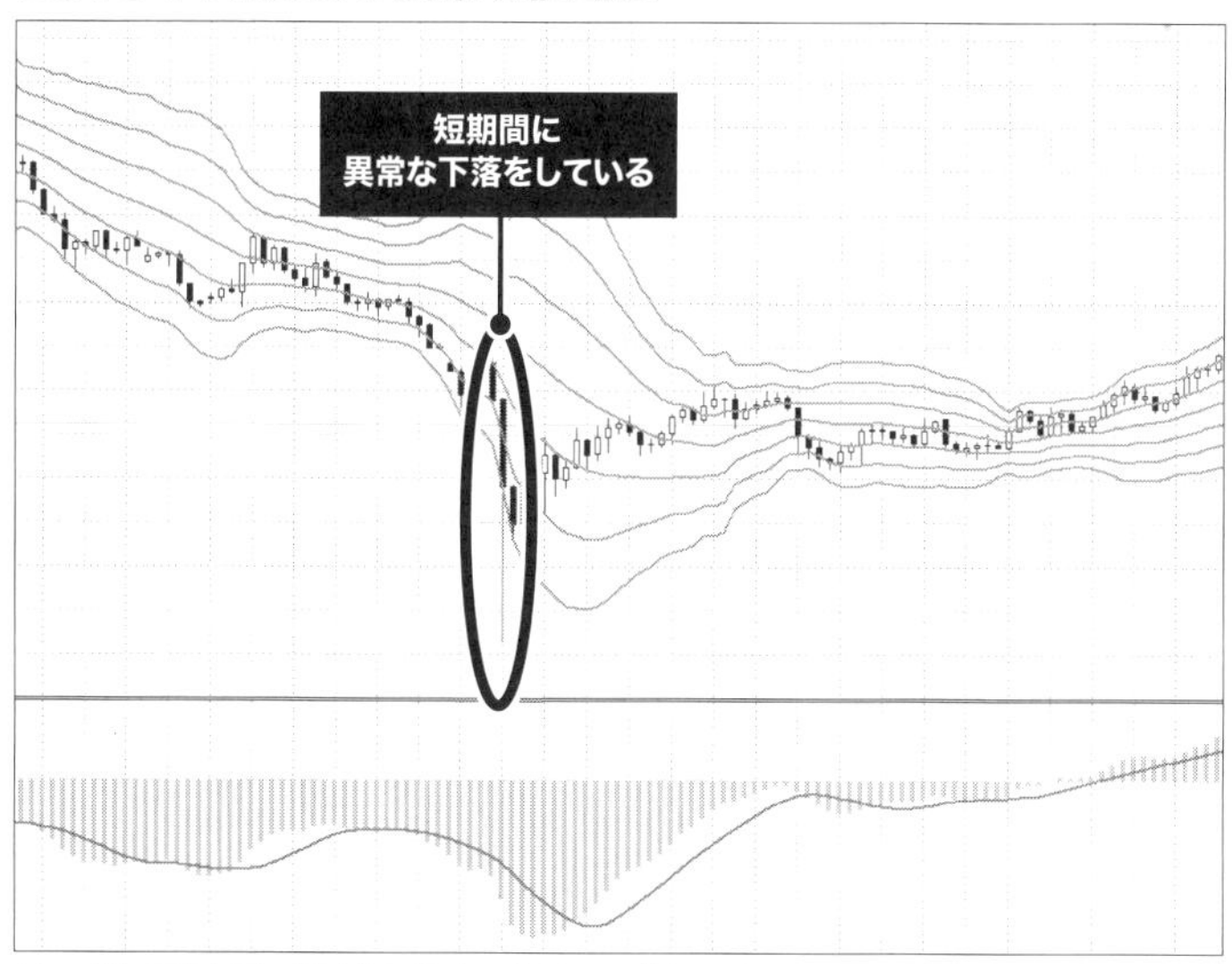

アップルの売上高の下方修正をきっかけに下落し、さらにシステムトレードがその動きに反応して大量に売りが出たため、大きく下落したといわれている。

テクニック2 トレードがうまくいかなくなったら長期のトレンドを確認

トレードがうまくいかなくなったときは、長期のトレンドを確認します。週足や月足などの期間の長いチャートを見るのもいいですが、左ページのチャートのようにチャート画面を収縮して画面内に表示するローソク足の数を増やすと、長期のトレンドが確認しやすくなります。

難しく分析する必要はなく、全体的に上下どちらに動いているのかを確認します。たとえば、右チャートの場合は右肩上がりにチャートが動いているので、長期トレンドは上昇トレンドだと判断できます。

基本的に順張りトレードのほうがうまくいきやすいので、売りエントリーは避けて、買いエントリーに絞るわけです。

「普段はあまり気にする必要はありませんが、損切りが多くなったら長期トレンドに合わせたトレードをするようにしています。相場の状況によって、自分の手法がマッチしないこともあるので、そのあたりを見分けられるようになるとＦＸで勝てるようになるはずです」

小池加奈子さん

長期のトレンドを確認しよう

チャート画面を縮小してトレンドを確認

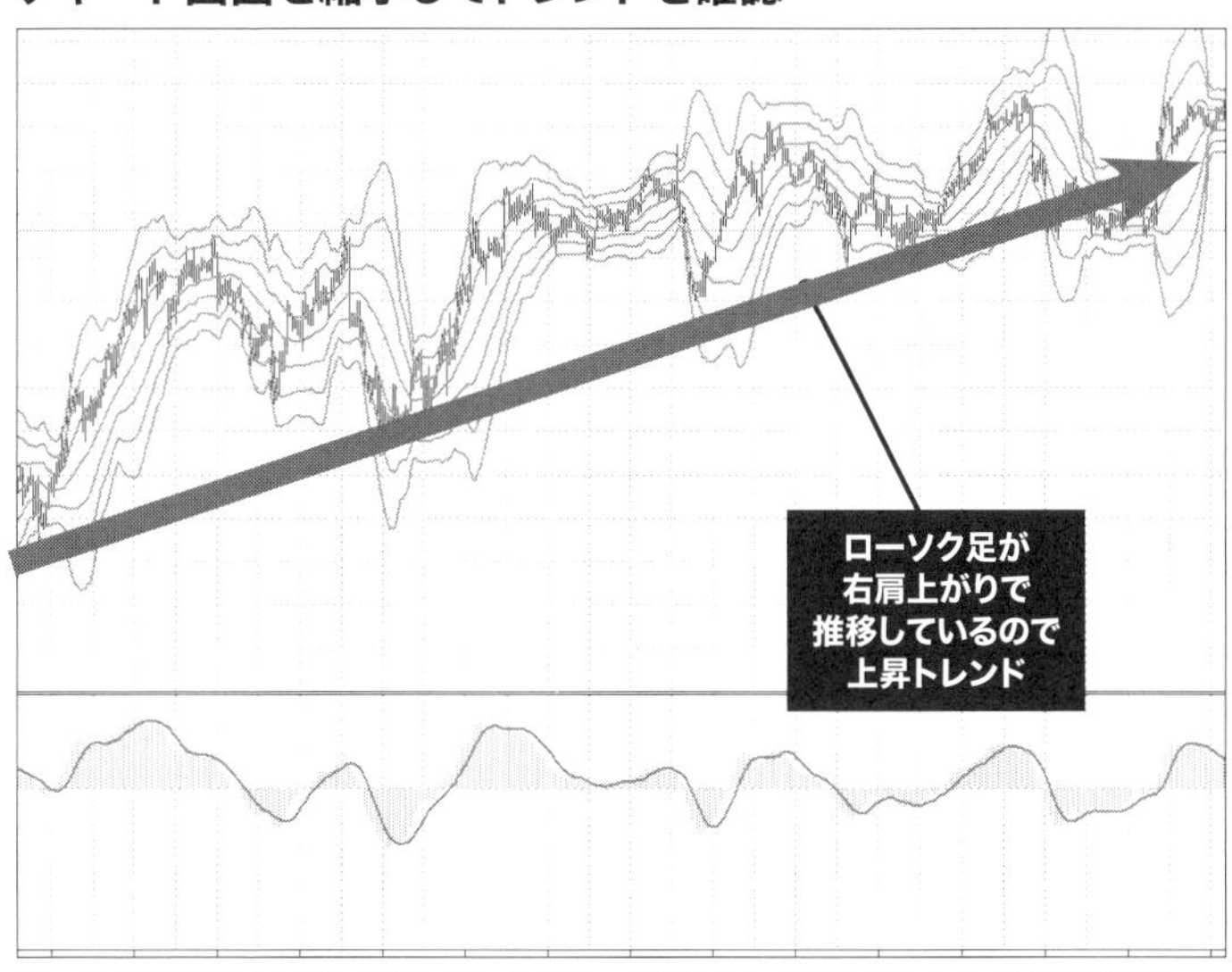

ローソク足が右肩上がりで動いているので、長期トレンドは上昇トレンドと判断する。

01 羽生英二さんの手法

私の手法のポイント

ボリバンと移動平均線による手法です。ボリバンのσラインの動きでトレンドの強さを確認し、ミドルラインと移動平均線のクロスでエントリータイミングを判断します。

羽生英二さん

ボリバンと移動平均線を使う

羽生さんは、ボリバンと移動平均線を組み合わせた手法で安定した勝率を維持しています。ボリバンでエクスパンションが発生中にミドルラインと移動平均線がクロスしたときを狙ってトレードを行います。

テクニカル指標の設定は以下になります。

・ボリバン

参照期間「21」

σライン「±1σ」「±2σ」「±3σ」

・移動平均線

参照期間「75」

・ローソク足

「30分足」「4時間足」「日足」

基本的には、「4時間足」と「日足」で中長期トレードを行いますが、時間に余裕があるときは「30分足」でデイトレードを行います。時間足が異なるだけで手法自体は変わりません。

通貨ペアは米ドル／日本円を中心に英ポンド／日本円やユーロ／日本円などでもトレードします。

羽生英二さん

羽生さんのチャート画面

ボリバンと移動平均線を表示する

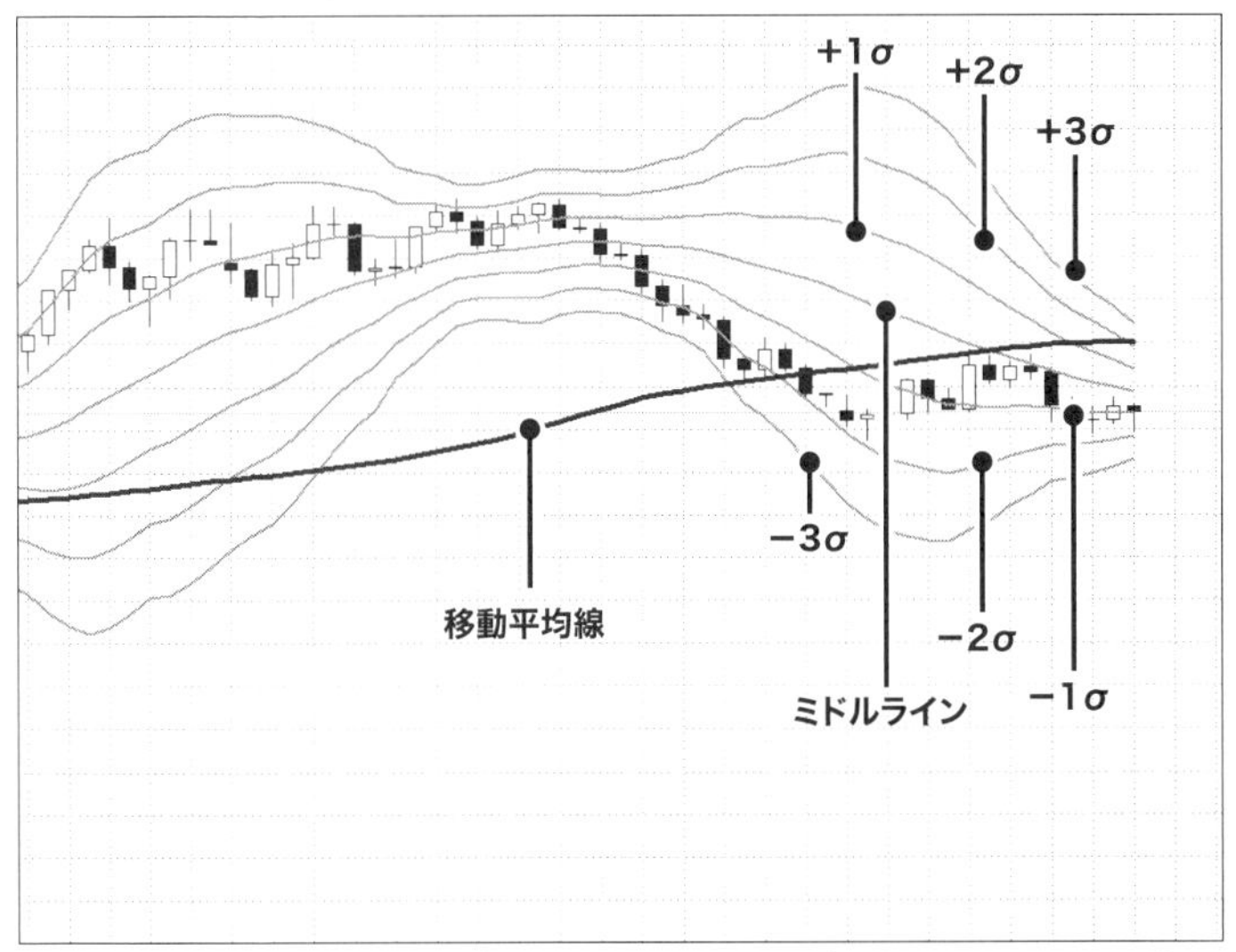

通貨ペアは米ドル／日本円、英ポンド／日本円、ユーロ／日本円。時間足は 30 分足、4 時間足、日足を利用する。

02

トレンドが強いときを狙って移動平均線のクロスでエントリー

私のエントリーのポイント

ボリバンでエクスパンションが発生中にミドルラインと移動平均線がクロスしたらエントリーします。ただし、σラインがすこしでも閉じはじめた場合(スクイーズ)は、エントリーを控えます。

羽生英二さん

ミドルラインと移動平均線のクロスに注目

エントリー前に、ボリンジャーバンドでエクスパンションが発生しているかを確認します。エクスパンションが発生していればトレードの準備を行い、エクスパンションが発生していなければ、ほかの時間足や通貨ペアでエクスパンションが発生しているかをチェックします。

エクスパンションが発生している状態でミドルラインと移動平均線がクロスしたら、エントリーします。ミドルラインが移動平均線を上に抜いたら買いエントリー。ミドルラインが移動平均線を下に抜いたら売りエントリーします。

σラインの動きに注意

ミドルラインと移動平均線がクロスするのは、エクスパンションが発生してから少し時間がたってからになります。４時間足の場合はエクスパンションが発生してからサインが出るまでに２～３日以上かかることもあります。そのため、トレンドの強さによってはサインが出たときにはトレンドが終わってることもあります。つまり、そのサインはダマシになります。

これを避けるには少しでもσラインが閉じ始めた場合はエントリーは避けるようにしましょう。

エクスパンション発生時にミドルラインが移動平均線を下に抜けたとき

エクスパンション発生時にミドルラインが移動平均線を上に抜けたとき

羽生英二さん

エントリーのタイミング

ミドルラインと移動平均線のクロスでエントリー

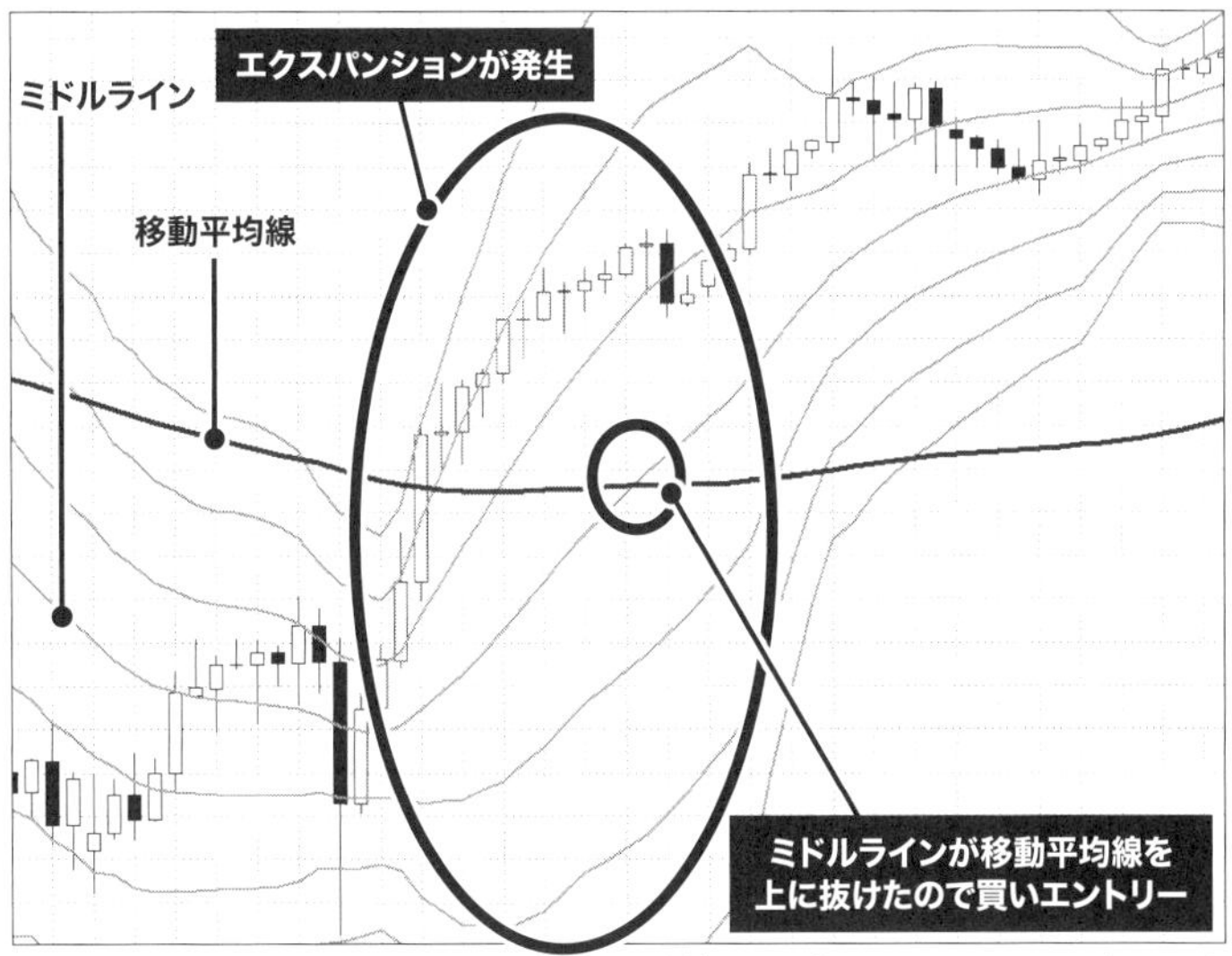

エクスパンション中にミドルラインが移動平均線を上に抜けたので買いエントリーする。

03

トレンドに勢いがなくなったらイグジット

σラインの動きでイグジット判断

私のイグジットのポイント

エントリー後、トレンドの勢いがなくなったらイグジットします。基本的にはスクイーズが発生したらイグジットしますが、ローソク足の動きによってはスクイーズ発生前にイグジットします。

スクイーズでイグジット判断

イグジットするタイミングはふたつあります。

ひとつめはスクイーズが発生したタイミングです。スクイーズかどうかはある程度σラインが動いてからでないと判断できません。羽生さんは感覚的にスクイーズかどうかを判断していますが、あえて基準を決めるのであれば129ページ上のチャートのように視覚的にσラインが閉じ始めたとわかったタイミングでイグジットを行います。

ローソク足の動きに注目

ふたつめはローソク足の動きが鈍くなったときです。

129ページ下のチャートのようにエクスパンションが発生しているものの、ローソク足がもみ合っている場合は、スクイーズを待たずにイグジットします。

「エクスパンション中にもみ合いが始まった場合、その後大きくローソク足が動く可能性があります。エントリー方向に動けばいいのですが、逆方向に動いた場合は大きな損失を出してしまうので、リスクとリターンの兼ね合いからイグジットすることに決めています」

羽生さんはローソク足何本分もみ合ったらイグジットするというのは決めていませんが、あえて決めるのであれば、だいたい４～５本程度もみ合ったらイグジットするといいとのことです。

羽生英二さん

イグジットタイミング

スクイーズが発生したらイグジット

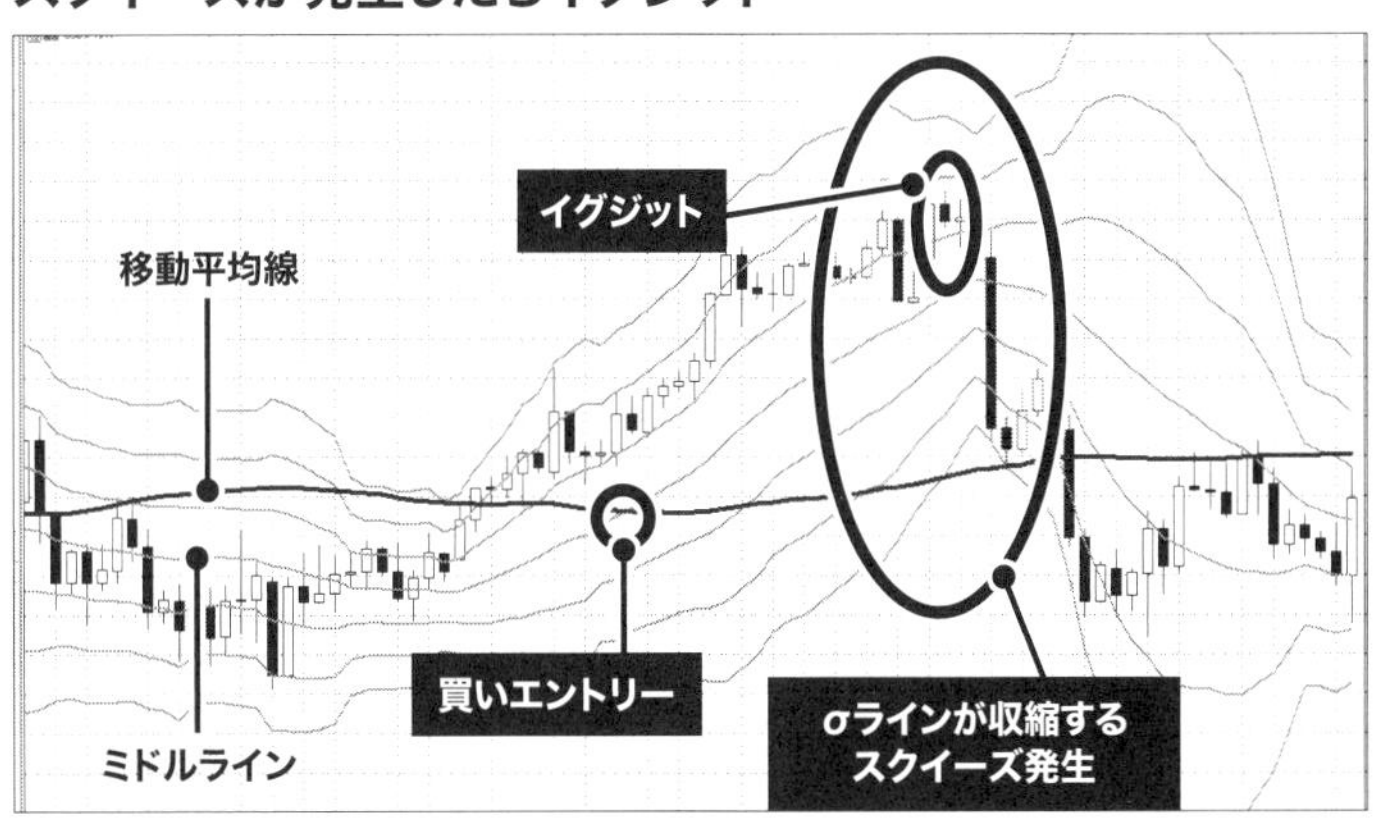

買いエントリー後、スクイーズが発生したのを確認したらイグジットする。

ローソク足がもみ合ったらイグジット

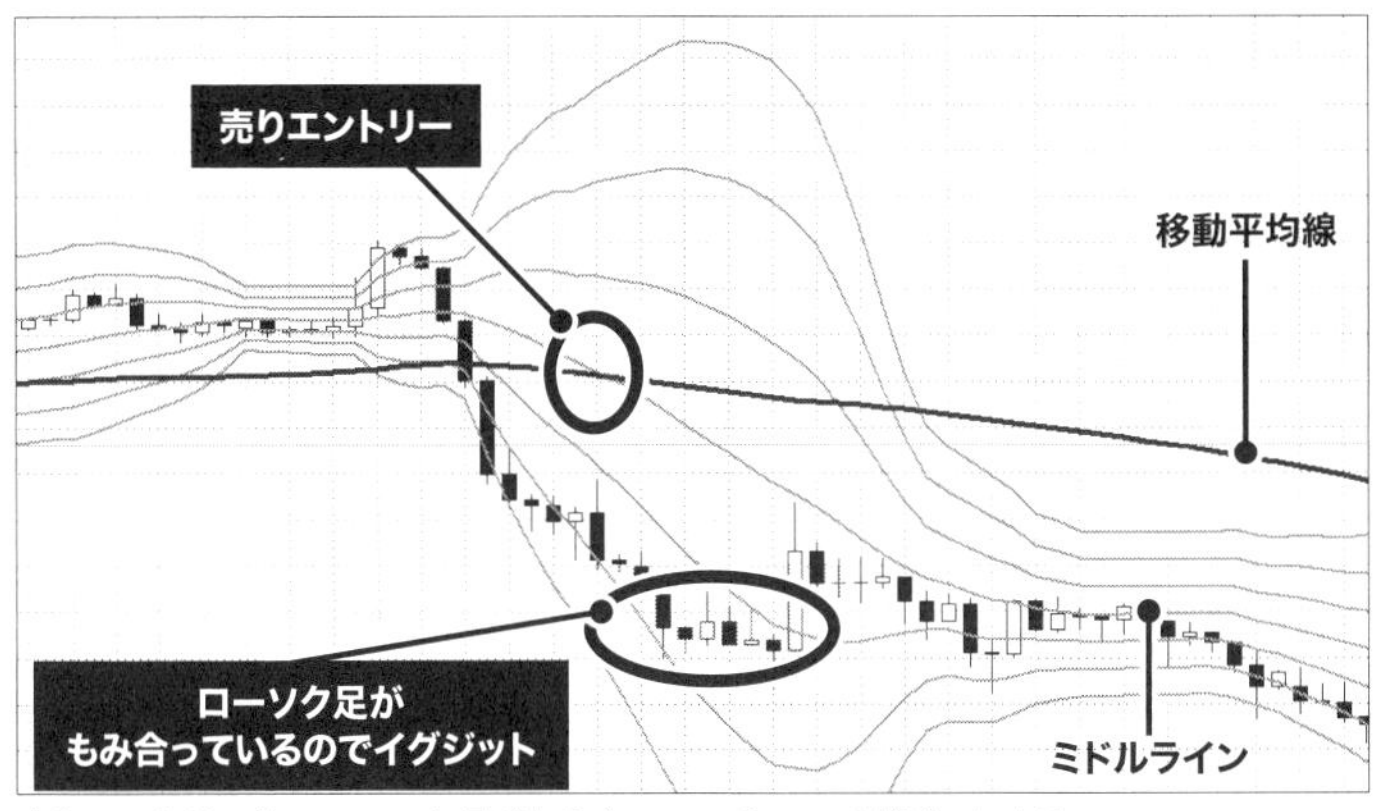

売りエントリー後、ローソク足がもみ合っているのでイグジットする。

04

ローソク足がミドルラインを突き抜けたらトレード失敗

私の手法のポイント

ローソク足がミドルラインを突き抜けたらトレンドの方向が逆行していると判断してイグジットします。

羽生英二さん

ローソク足とミドルラインの位置関係に注目

トレード失敗の判断はローソク足がミドルラインを突き抜けたタイミングで行います。買いエントリーの場合はローソク足がミドルラインを下に抜けたとき、売りエントリーの場合はローソク足がミドルラインを上に抜けたときにイグジットします。

「押し目や戻りでこのイグジット基準を満たすこともありますが、リスクを抑えるためにイグジットをします」

トレード失敗になりやすい相場状況

ローソク足がミドルラインを突き抜けたことによるイグジットは、直前にローソク足が上下に激しく動いた場合に発生しやすい傾向があります。

そのため、極力リスクを抑えたいのであれば、エントリー前にローソク足の動きを確認し、ローソク足が激しく上下に動いている場合はエントリーを避けるのもひとつの手です。

また、移動平均線が上昇中での売りエントリー、下降中での買いエントリーをした場合もトレード失敗になりやすい傾向があります。

「移動平均線のトレンドに対して逆張りになるトレードは大きな利益が狙える一方で、損失を出しやすい傾向があります。私はリスクを許容してトレードを行っていますが、投資資金が少ない場合などできるだけ損失を出したくないのであれば、移動平均線のトレンドと同じ方向のトレードに絞ったほうがいいでしょう」

トレード失敗時のイグジット

売りエントリーの場合

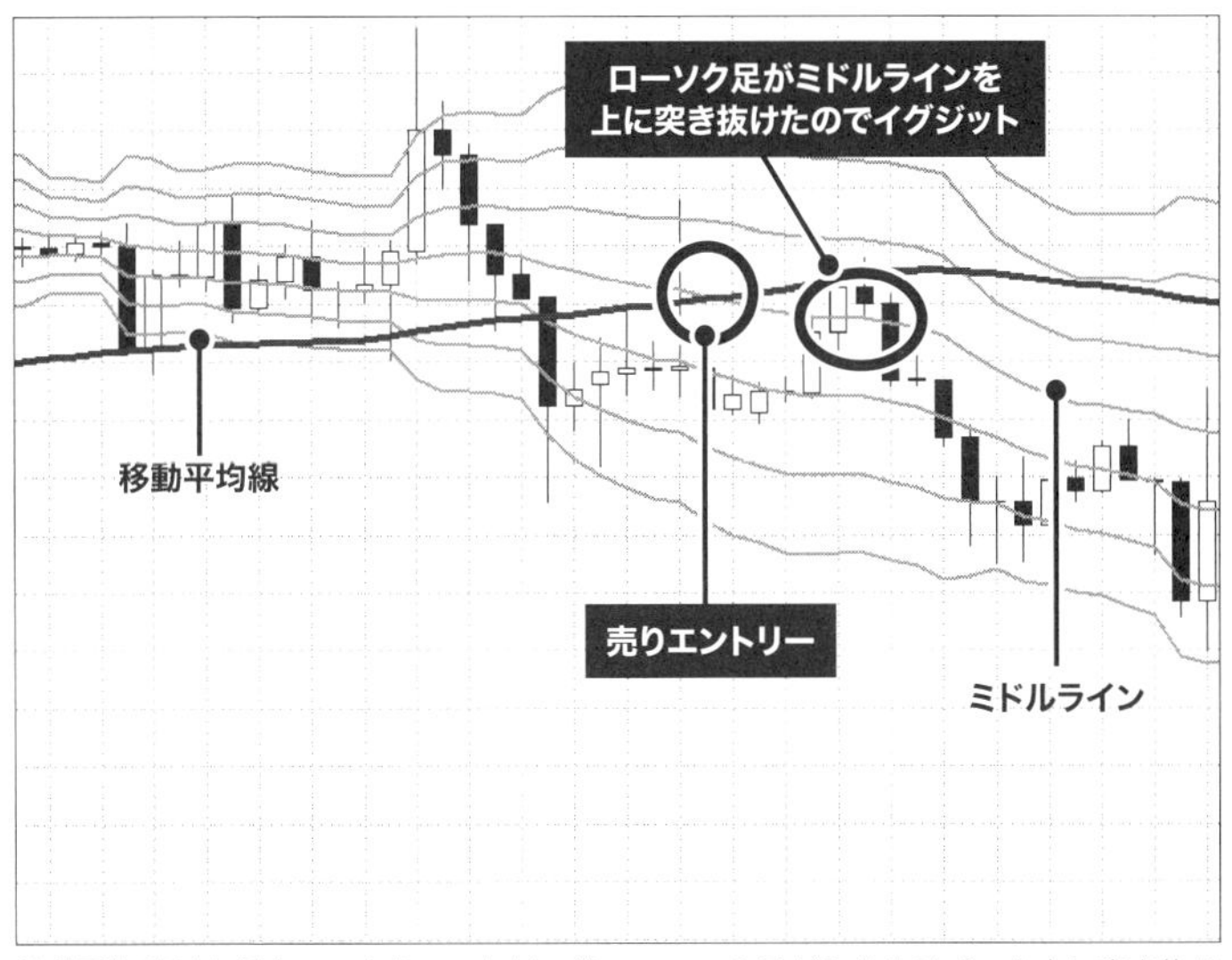

移動平均線が上昇中での売りエントリー後、ローソク足がミドルラインを上に突き抜けたのでイグジットする。

05 儲けるためのテクニック

テクニック1 激しすぎる動きをしているときはトレードを避ける

130ページでは羽生さんはエントリー直前に激しい値動きが発生した場合はトレードが失敗することがあると解説しました。基本的に羽生さんは値動きはあまり気にせずトレードしていますが、あまりにも激しすぎる動きをしたときはトレードを避けます。

「どのくらいの動きならというのは決めていませんが、ボリバンや移動平均線に影響を与えているだろうと考えられる動きをしたときはトレードをしません。感覚的な話になってしまいますが、ローソク足数本で大きく動いた場合は、テクニカルが効きにくくなってしまうので、避けたほうが良いでしょう」

羽生英二さん

激しく動いたときはエントリーしない

ローソク足が急激に上下している

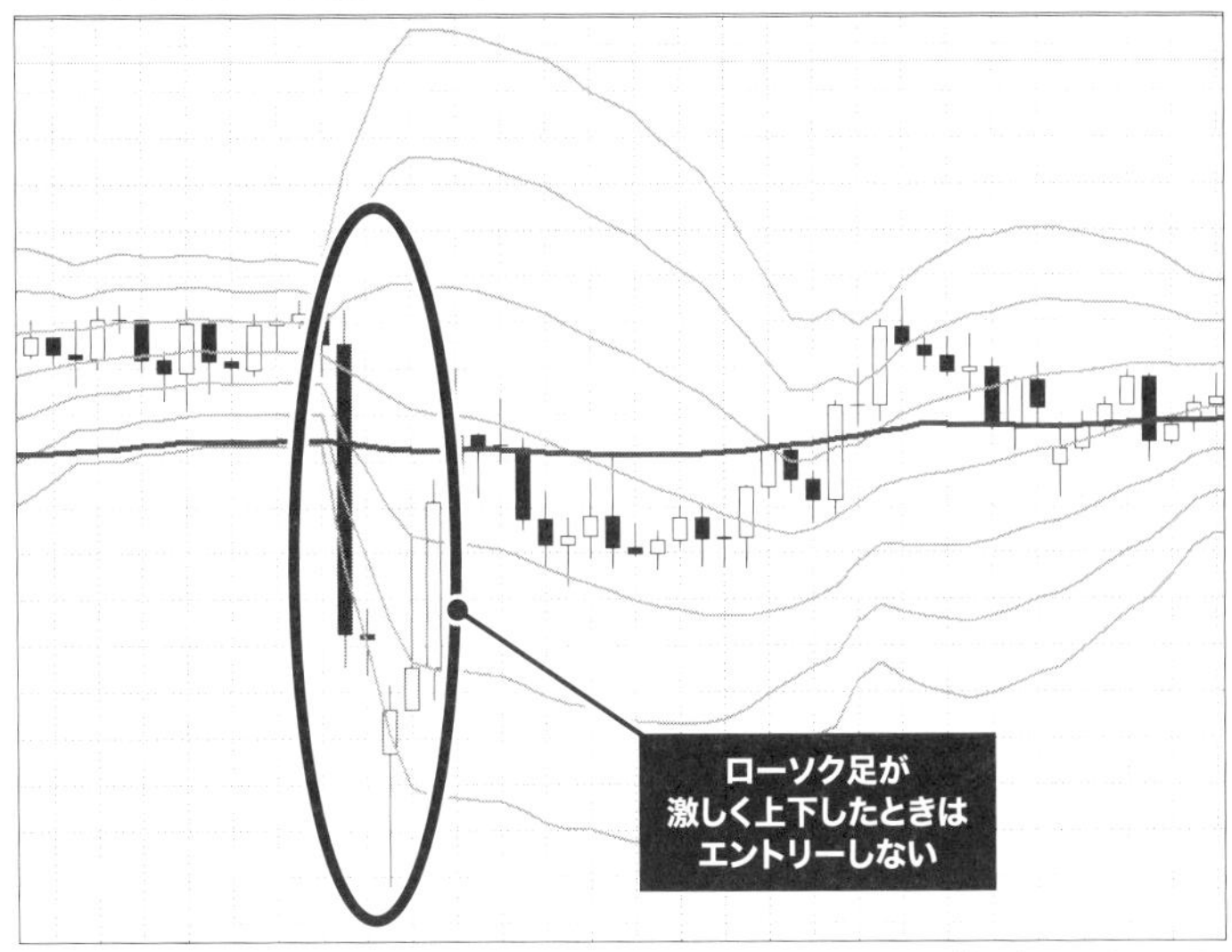

ローソク足が激しく上下している場合はテクニカル指標に大きな影響を与えるため、トレードを避けます。

テクニック2 移動平均線の傾きが急なときはサインが出にくい

トレンドの勢いが非常に強いときはすでにミドルラインと移動平均線がクロスしたあとでサインが出ません。

こういった場合はバンドウォークを狙ってエントリーします。たとえば、左チャートの場合、エクスパンションが発生し、急激な下降トレンドが発生していますが、すでにミドルラインが移動平均線の下にあるため、サインが出ない状況です。この場合、マイナス1σ、マイナス2σ、マイナス3σのいずれかでローソク足が張り付くバンドウォークが発生したら売りエントリーをします。判断する基準はローソク足が4～6本程度σラインに張り付き、ミドルラインと移動平均線が下向き（上向き）のときにエントリーします。

「ややリスクが高いエントリーになりますが、リターンも大きいので、余裕があれば積極的に狙いましょう」

このエントリーの場合でも、イグジット基準は126ページ～132ページで解説したものと同じになります。

羽生英二さん

移動平均線の傾きに注目

バンドウォークを狙ってエントリー

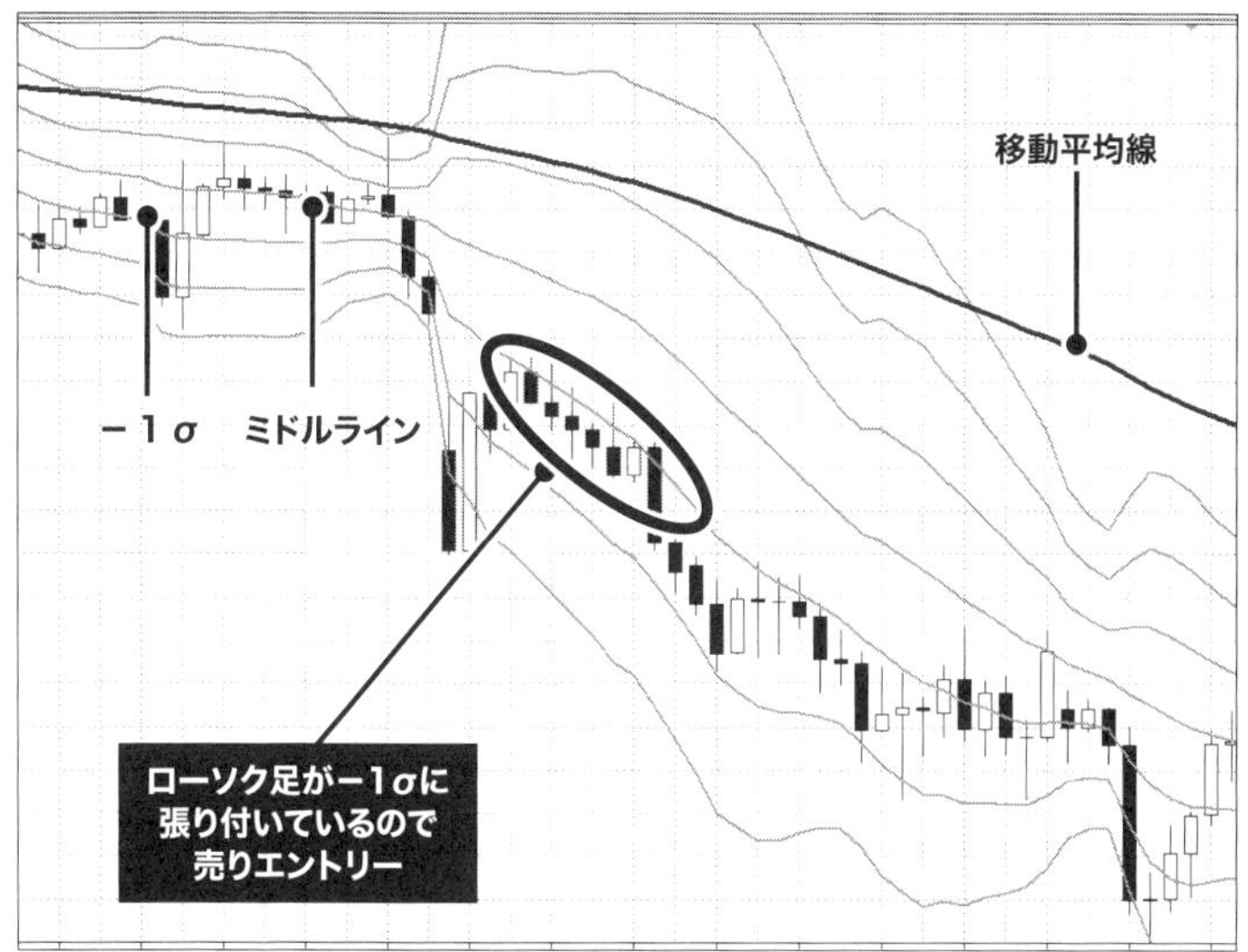

エクスパンション発生中にミドルラインと移動平均線が下向きのなかでローソク足が−1σに張り付いているので売りエントリーする。

01

依田唯香さんの手法

私の手法のポイント

ボリバンのみでの長期トレードです。長期トレンドを確認して、ボリバンでエクスパンションが発生したらエントリーを狙います。

依田唯香さん

ボリバンのみでトレード

依田唯香さんは兼業トレーダーなので、頻繁にチャートを見ることができません。そのため、1日数回程度のチャートチェックでもトレードができる長期トレードに絞っています。

トレード手法は週足や月足などの長期のローソク足チャートでトレンドを確認し、日足や4時間足を使ってトレードします。使用するテクニカル指標は以下になります。

・ボリバン

参照期間「21」

σライン「±1σ」「±2σ」「±3σ」

・ローソク足

「4時間足」「日足」

使用する通貨ペアは米ドル／日本円や英ポンド／日本円、ユーロ／日本円ですが、相場の状況によってはユーロ／米ドルや英ポンド／米ドルなどでもトレードをします。

依田唯香さん

依田さんのチャート画面

ボリバンを表示する

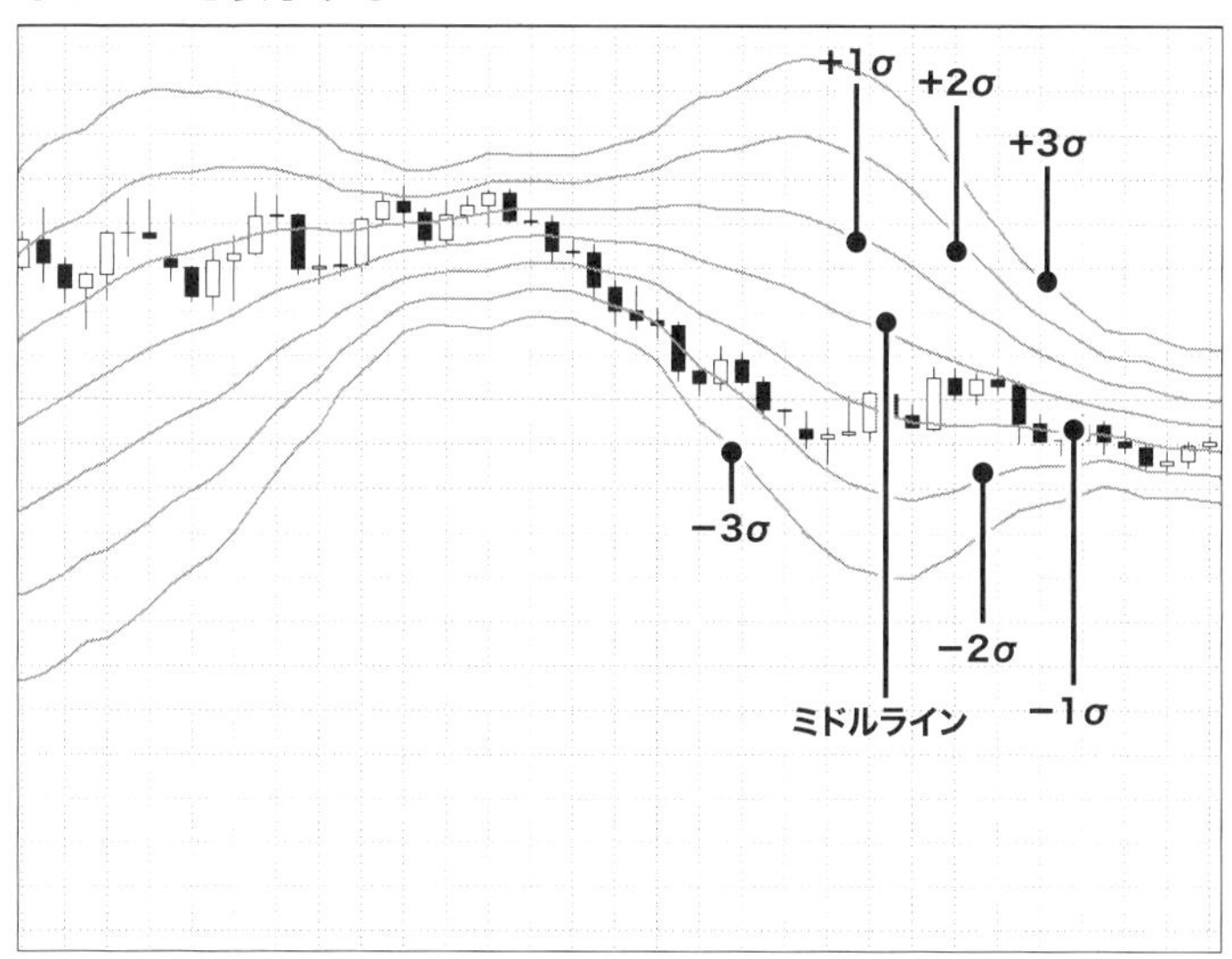

通貨ペアは米ドル／日本円、英ポンド／日本円、ユーロ／日本円。時間足は 4 時間足、日足を利用する。

02

エクスパンションを狙ってエントリー

私の手法のポイント

ボリバンだけを使った長期トレードです。長期トレンドを確認して、ボリバンでエクスパンションが発生したらエントリーを狙います。

依田唯香さん

長期のローソク足チャートでトレンドを確認

エントリー前に、週足や日足でトレンドを確認します。ボリバンを含めテクニカルなどは使わず、ローソク足の動きを見て全体的に上昇していれば上昇トレンド、下降していれば下降トレンドと判断します。基本的にはトレンドに合わせて、上昇トレンドなら買いエントリー、下降トレンドなら売りエントリーを狙います。

ただし、週足で上昇トレンド（下降トレンド）中に押し目（戻り）が発生している場合は日足や4時間足のトレードでは売り（買い）エントリーを狙ったり、日足で押し目や戻りが発生していれば4時間足のトレードでは売り（買い）エントリーを狙います。

エクスパンションが発生したらエントリー

トレンドを確認したら、ボリバンを表示した4時間足や日足でエクスパンションが発生しているかを確認します。

エクスパンションが発生していたら、ローソク足の動きを確認します。エクスパンションが発生しているときにトレンドと同じ方向にローソク足が２～３本連続で出現したらエントリーします。

たとえば、上昇トレンド中に陽線が2～3本連続で出現しながらエクスパンションが発生したら買いエントリーをします。

売りサイン
週足や日足で下降トレンド中（または押し目発生時）に4時間足や日足でエクスパンションを形成しながら陰線が連続で出現したとき

買いサイン
週足や日足で上昇トレンド中（または戻り発生時）に4時間足や日足でエクスパンションを形成しながら陽線が連続で出現したとき

エクスパンションにあわせてエントリー

買いエントリーの場合

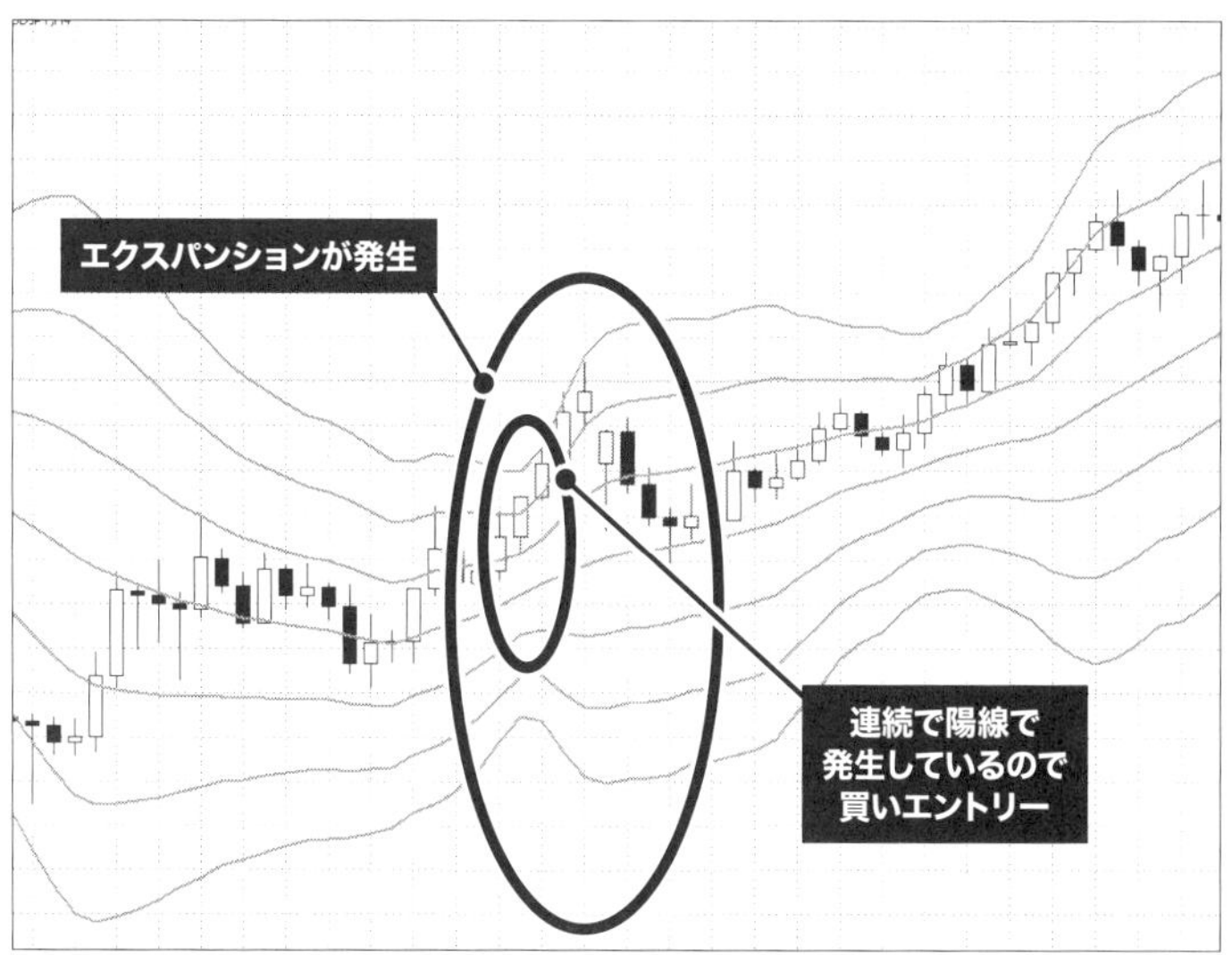

エクスパンションを発生しながら陽線が連続で出現したので買いエントリーする。

03

バンドウォークが発生したら買い増し・売り増し

私の手法のポイント

トレード中にバンドウォークが発生したら買い増しや売り増しを行い、利益を追求します。

依田唯香さん

3本連続でローソク足がσラインに張り付いたら買い増し・売り増し

エントリー後に、バンドウォークが発生したら買い増しや売り増しを行います。買いエントリーの場合は、上昇中のプラス1σ、プラス2σ、プラス3σのいずれかにローソク足が上昇しながら3本連続で張り付いたら買い増しを行います。売りエントリーの場合は下降中のマイナス1σ、マイナス2σ、マイナス3σのいずれかにローソク足が下降しながら、3本連続で張り付いたら売り増しを行います。

エントリーした時点でバンドウォークが発生している場合はエントリーしてから2~3本後にバンドウォークが継続していれば買い増しや売り増しを行います。

また、バンドウォークによる買い増しや売り増しを行うのは1度に限ります。1度目のバンドウォーク後にいったんσラインから離れた後に再びバンドウォークが発生してもここでは買い増しや売り増しは行いません。

これは、2度目以降のバンドウォーク後はトレンドが終了しやすい傾向があるため、リスクとリターンが見合わないことを理由としています。

買い増しや売り増しは資金が余裕があるときに

依田さんは買い増しや売り増しする額は、エントリー枚数の0・8倍〜1・5倍程度を目安にしています。また、買い増しや売り増しは投資資金に余裕がないときは行いません。

「目安としては、年間の損益がマイナスになっている場合は買い増しや売り増しは行わないようにしています。初心者の方がトレードする場合は、ある程度投資資金に余裕ができてから挑戦したほうが良いと思います。最低でも4〜5回程度損失が出ても耐えられるだけの投資資金ができてから買い増しや売り増しを行うようにしましょう」

依田唯香さん

バンドウォークが発生したら買い増し

買いエントリーの場合

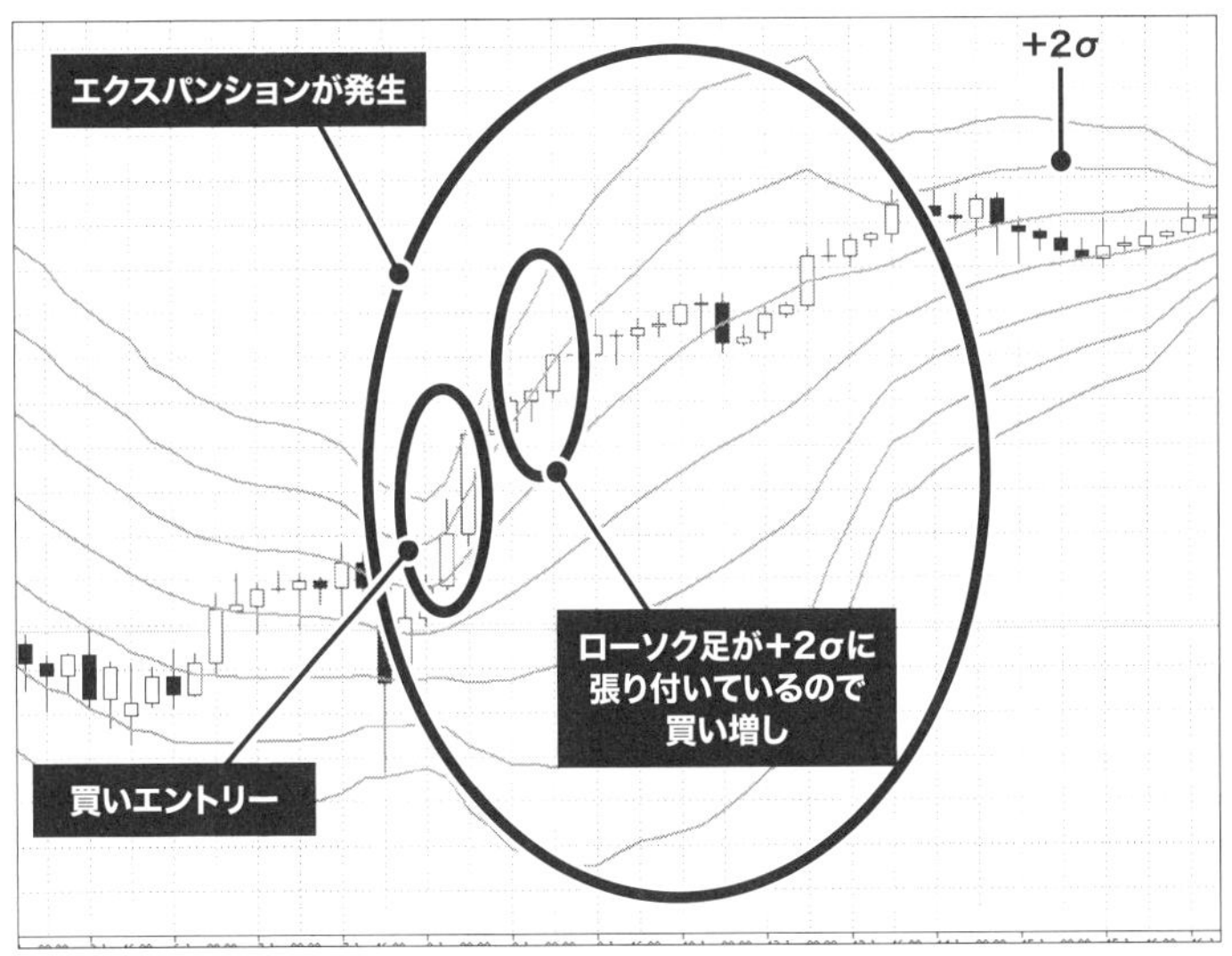

エントリー後上昇中のプラス２σにローソク足が張り付いているので買い増しを行う。

04

スクイーズが発生したらイグジット

私の利食いのポイント

スクイーズが発生したら、買い増しや売り増しした分も含めてすべてイグジットします。基本的にσラインが収縮したタイミングでローソク足の動きが鈍くなったり、逆方向に動いたらスクイーズ発生と判断します。

σラインが収縮したらローソク足の動きを確認

イグジットはスクイーズが発生したタイミングで行います。

スクイーズが発生したかどうかの判断はσラインの動きとローソク足の動きから判断します。

まず、前提としてσラインが収縮していることが第一条件です。次に、ローソク足の動きが鈍くなったり、エントリーとは逆方向に動いたらスクイーズが発生したと判断してイグジットします。

σラインが収縮してもローソク足がエントリーした方向に動いている場合は様子見し、ローソク足の動きが変わるまで待ちます。

スクイーズ後は再エントリーを待つ

ボリンジャーバンドはエクスパンションとスクイーズの繰り返しなので、スクイーズ後は次のエクスパンションが出るまでチェックしておきましょう。

「私の手法はイグジット後にちょっと休んで、再エントリーするという流れになりやすいです。一度エントリーを逃してしまうと場合によっては1か月単位でエントリーチャンスが来ないこともあるので、できるだけエントリーチャンスを逃さないように、1日1～2回程度はチャートをチェックするようにしましょう」

イグジットのタイミング

スクイーズ発生でイグジット

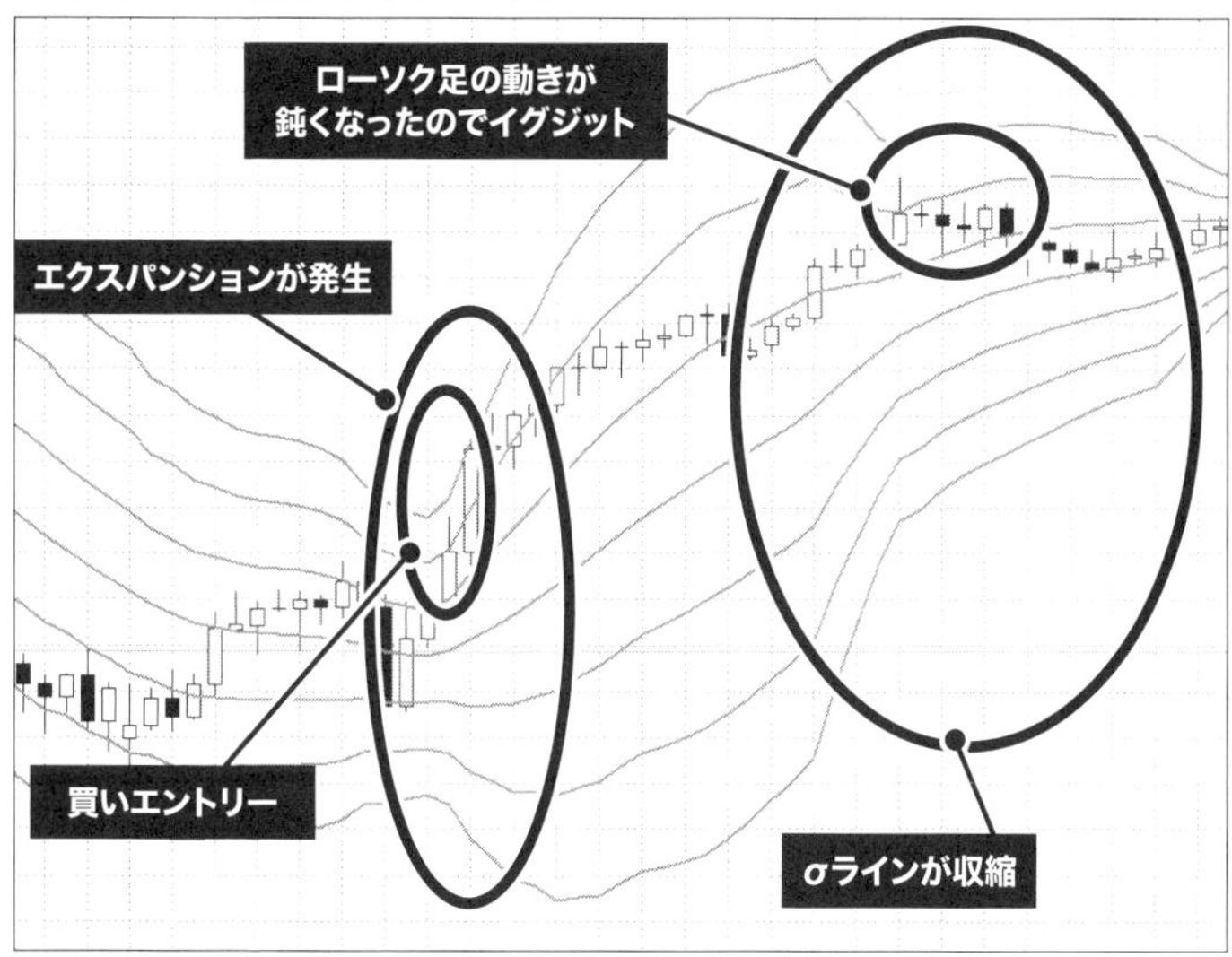

σラインが収縮し、ローソク足の動きが鈍くなったらイグジットする。

エントリー直後のローソク足の反転は失敗と判断

05

エントリー直後に反転したらイグジット

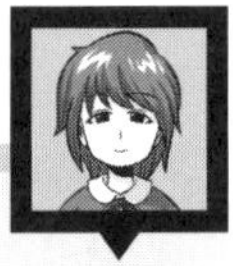

私のイグジットのポイント

エントリー直後にローソク足が反転しまったときはエントリー失敗と判断してすぐにイグジットします。基本的に反転した方向に動いてしまうので早めに判断しましょう。

依田唯香さん

エントリー直後のローソク足の動きに注目

エントリー直後にローソク足が反転したら、トレードに失敗したと判断してイグジットします。

ローソク足が反転してすぐに再びエントリー方向に戻ることもあるので、買いエントリーの場合は直近の陽線の始値、売りエントリーの場合は直近の陰線の始値までローソク足が戻ったらイグジットします。

始値までローソク足が戻ったら、そこから加速度的に下落や上昇の勢いが強まりやすいので、早めにイグジットするようにしましょう。

イグジット後、バンドウォークが発生したらエントリーする

ローソク足の反転によるイグジットをしたあとに、バンドウォークが発生したらエントリーをします。バンドウォークによるエントリーは146ページで解説した方法と同じです。

このとき注意したいのは、反転した方向にバンドウォークが発生したときにエ

ントリーします。反転によるイグジット後再びローソク足が反転しバンドウォークが発生した場合はエントリーは行いません。

基本的な流れとしては、買い（売り）エントリー↓ローソク足反転によるイグジット↓バンドウォークによる売り（買い）エントリーになります。また、この場合は142ページで解説したトレンドは無視してしまって構いません。

ローソク足反転によるイグジット

ローソク足が反転したらイグジット

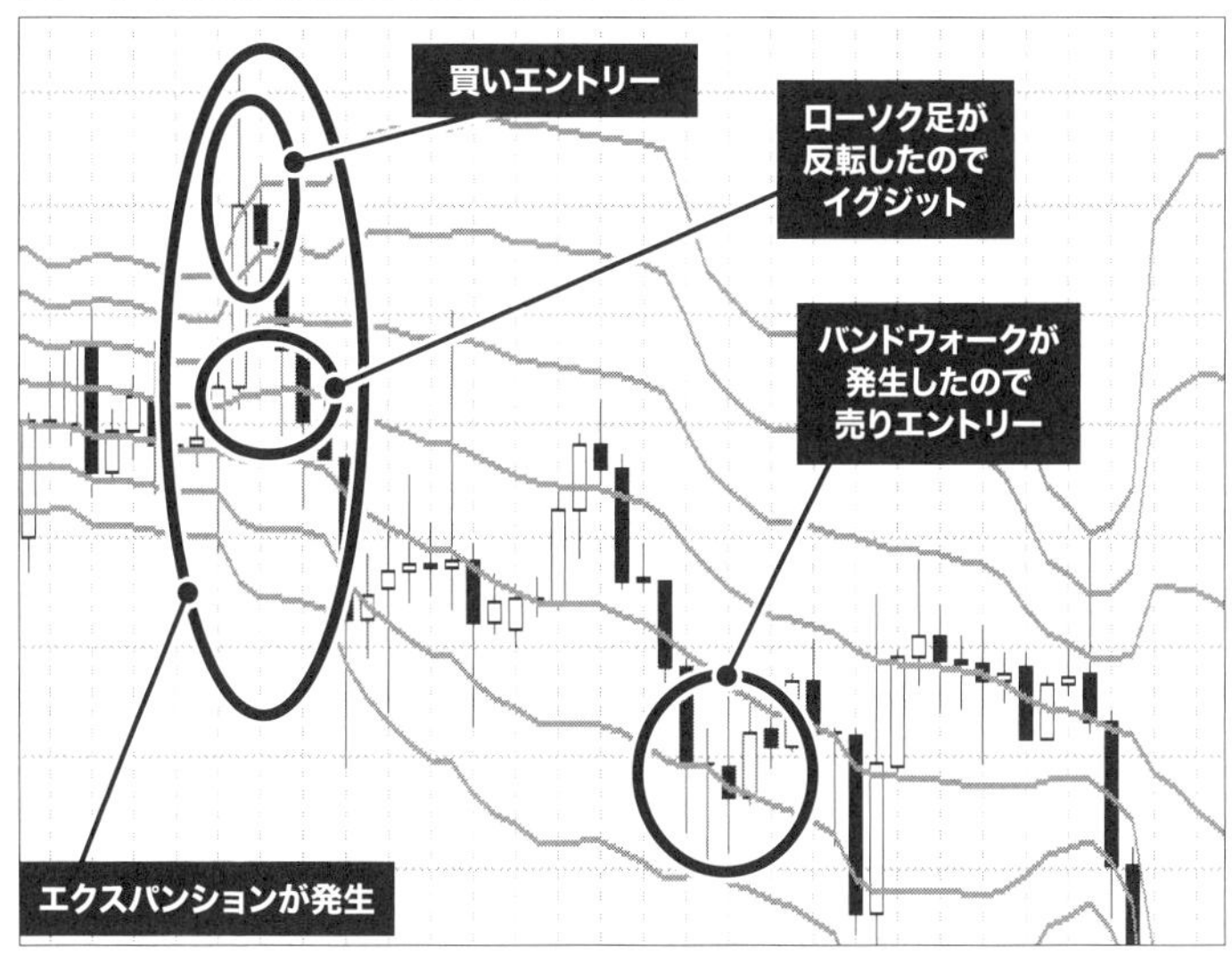

買いエントリー後、最後の陽線の始値までローソク足が下降したのでイグジットする。
その後、バンドウォークが発生したので売りエントリーする。

06 儲けるためのテクニック

テクニック1 エントリーや利食いは厳密でなくてOK

依田さんは、前述したように兼業トレーダーなので、チャートをチェックできるタイミングが限られており、これまで解説したエントリーやイグジットタイミングぴったりにトレードすることは困難です。そのため、ある程度ずれても問題ないといいます。

「使っている時間足が4時間足や日足なので、大きくタイミングがずれるということはありません。日足ならずれたとしてもローソク足1本程度、4時間足なら2～3本程度です。この程度エントリーやイグジットがずれたところで大きな問題にはなりません。ただし、トレード失敗によるイグジットに関してはできるだけ早めを心がけてください。」

依田唯香さん

エントリーやイグジットは多少ずれてもOK

チャートを見たときに条件を満たしていたらエントリー

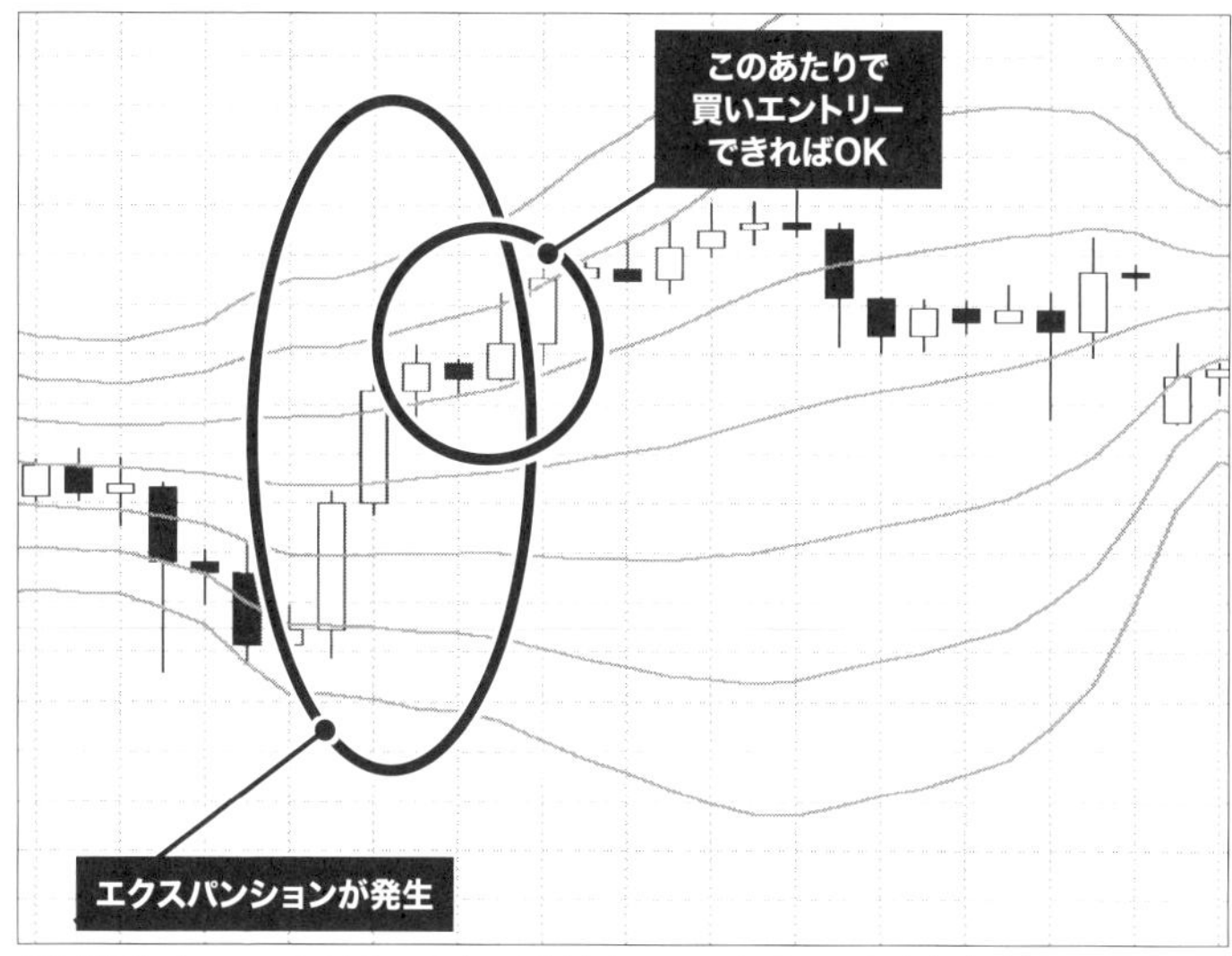

4時間足ならローソク足2～3本、日足ならローソク足1～2本程度ずれてエントリーしてもOK

テクニック2 ミドルラインの傾きに注目

投資資金が少ないときや損切りが連続しているときなどリスクをできるだけ抑えてトレードしたい場合は、ミドルラインの傾きに注目しましょう。

左ページのチャートのようにミドルラインの傾きが緩やかな場合は傾きが急なときに比べてトレードに失敗しやすいのでエントリーを控えます。

依田さん自身も普段は気にせずトレードしていますが、損切りが3連続で続いたときはミドルラインを重視してトレードをします。

「損切りが続いたときは相場と私の手法の相性が悪いと判断できます。その場合は、リスクを抑えることを重視してトレードします。ミドルラインの傾きにも注目しますが、投資資金を抑えたりもします」

ミドルラインの傾きに注目したトレードを続け、安定して利食いができるようになったら投資資金を戻したり、ミドルラインを気にしないトレードに切り替えます。

リスクを抑えたトレード

ミドルラインの傾きが緩やかなときはトレードを見送る

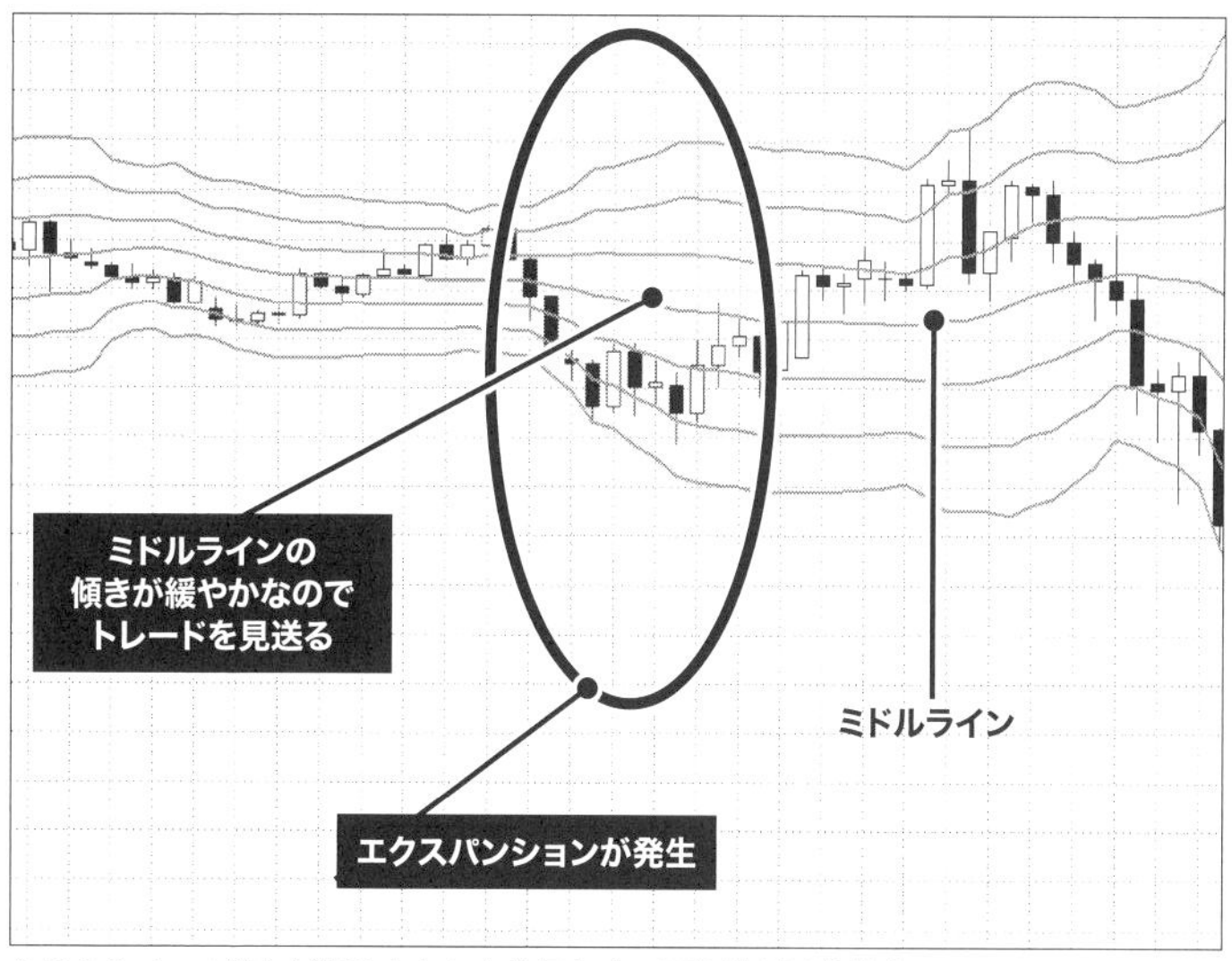

ミドルラインの傾きが緩やかなときは反転する可能性が比較的高いため、トレードを滞くる。

デイトレとスイングでトレードする

01 石川正一さんの手法

私の手法のポイント

日足や月足でトレンドの状況を把握して、ボリバンでエクスパンション発生中にADXで売買タイミングを計るトレード手法です。1時間足や4時間足、日足の中で、トレンドが強いチャートを探します。

石川正一さん

ボリバンとADXを使う

石川正一さんはボリバンとADXを使ったトレードを得意とします。1時間足を使ったデイトレードと4時間足や日足を使った数日～数週間ポジションを保有するスイングトレードになる傾向があるといいます。デイトレードでもスイングトレードでも投資手法自体は変わらず、テクニカル指標の設定は次のとおりです。

- **ボリバン**

参照期間「21」
σライン「±1σ」「±2σ」「±3σ」

- **ADX**

参照期間「13」

- **ローソク足**

「1時間足」「4時間足」「日足」

基本的に午前中にトレードするときは1時間足を中心にトレードを行い、午後は4時間足や日足を中心にトレードを行います。ただし、相場状況によっては午後に1時間足を使ったり、午前に4時間足や日足を使うこともあります。

通貨ペアは特に決めていませんが、米ドルや日本円、ユーロ、英ポンド関連を中心にチャートのチェックを行います。

石川正一さん

石川さんのチャート画面

ボリバンとADXを表示する

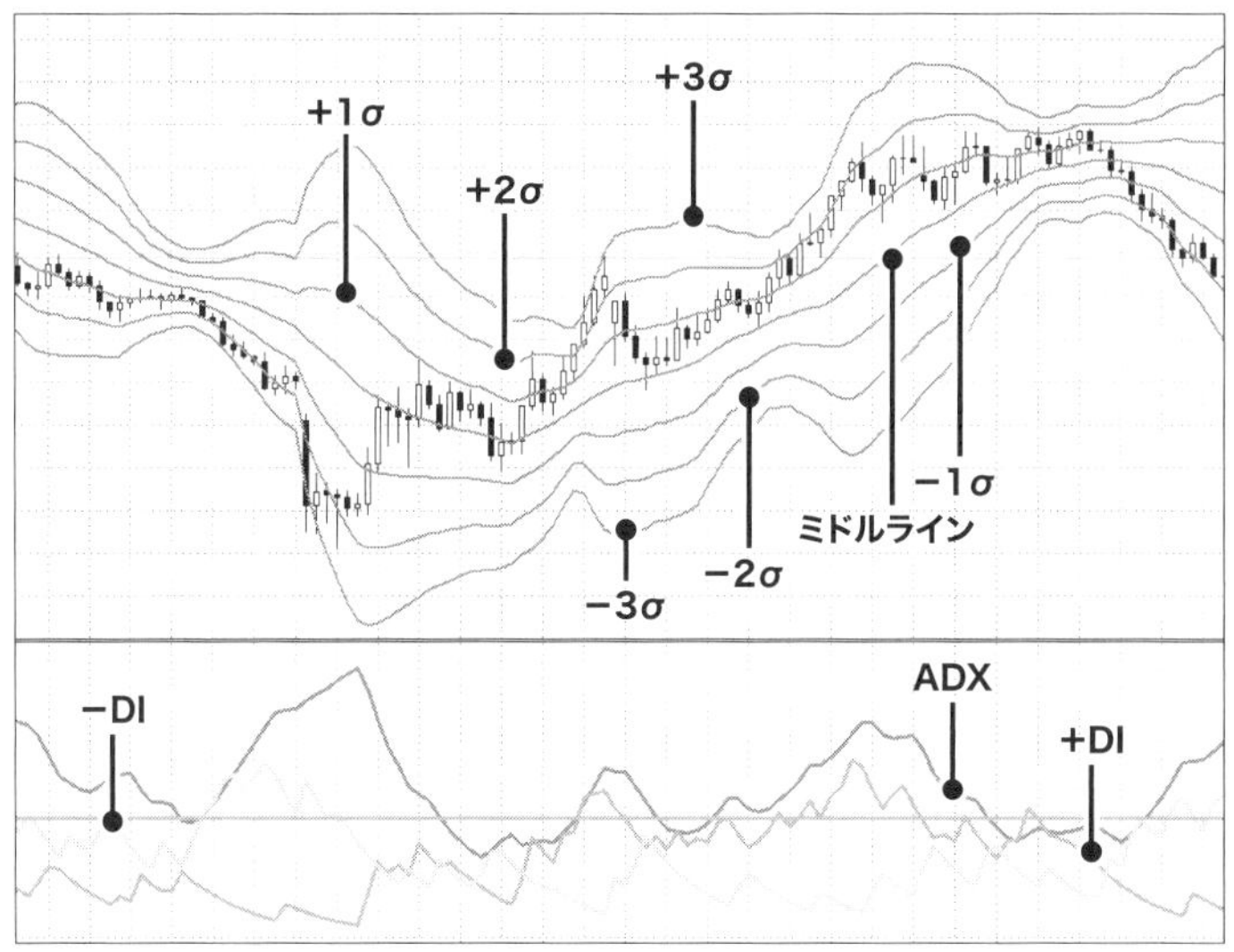

通貨ペアは米ドルや日本円、英ポンド、ユーロ関連。時間足は 1 時間足、4 時間足、日足を利用する。

02

プラスDIとマイナスDIの位置関係に注目

私のエントリーのポイント

エクスパンションが発生したらADXの動きを見て、上昇と下降どちらが強いのかを確認して、エントリーします。

石川正一さん

エントリー前にトレンドを確認

エントリー前に、トレンドを確認します。1時間足でトレードする場合は日足でトレンドを確認。4時間足や日足でトレードする場合は日足と週足のトレンドを確認します。

トレンドを確認するときは、テクニカルなどは使わずにローソク足の動きを見て全体的に上昇していれば上昇トレンド、下降していれば下降トレンドと判断します。上昇トレンドなら買いエントリー、下降トレンドなら売りエントリーを狙います。

エクスパンション時のADXの動きを確認する

具体的なエントリーのタイミングはエクスパンションが発生時にプラスDIとマイナスDIの位置関係で判断します。

プラスDIがマイナスDIの上にあるときは上昇トレンドが強いことを意味するので買いエントリー、プラスDIがマイナスDIの下にあるときは下降トレンドの勢いが強いことを意味するので売りエントリーします。

エクスパンション発生時に長期チャートと同じ方向のサインが出ていない場合は、プラスＤＩとマイナスＤＩがクロスするまで待ちます。

売りサイン

長期チャートで下降トレンド中にエクスパンションを形成し、プラスＤＩがマイナスＤＩを下回ったとき

長期チャートで上昇トレンド中にエクスパンションを形成し、プラスＤＩがマイナスＤＩを上回ったとき

ADXで売買判断

売りエントリーの場合

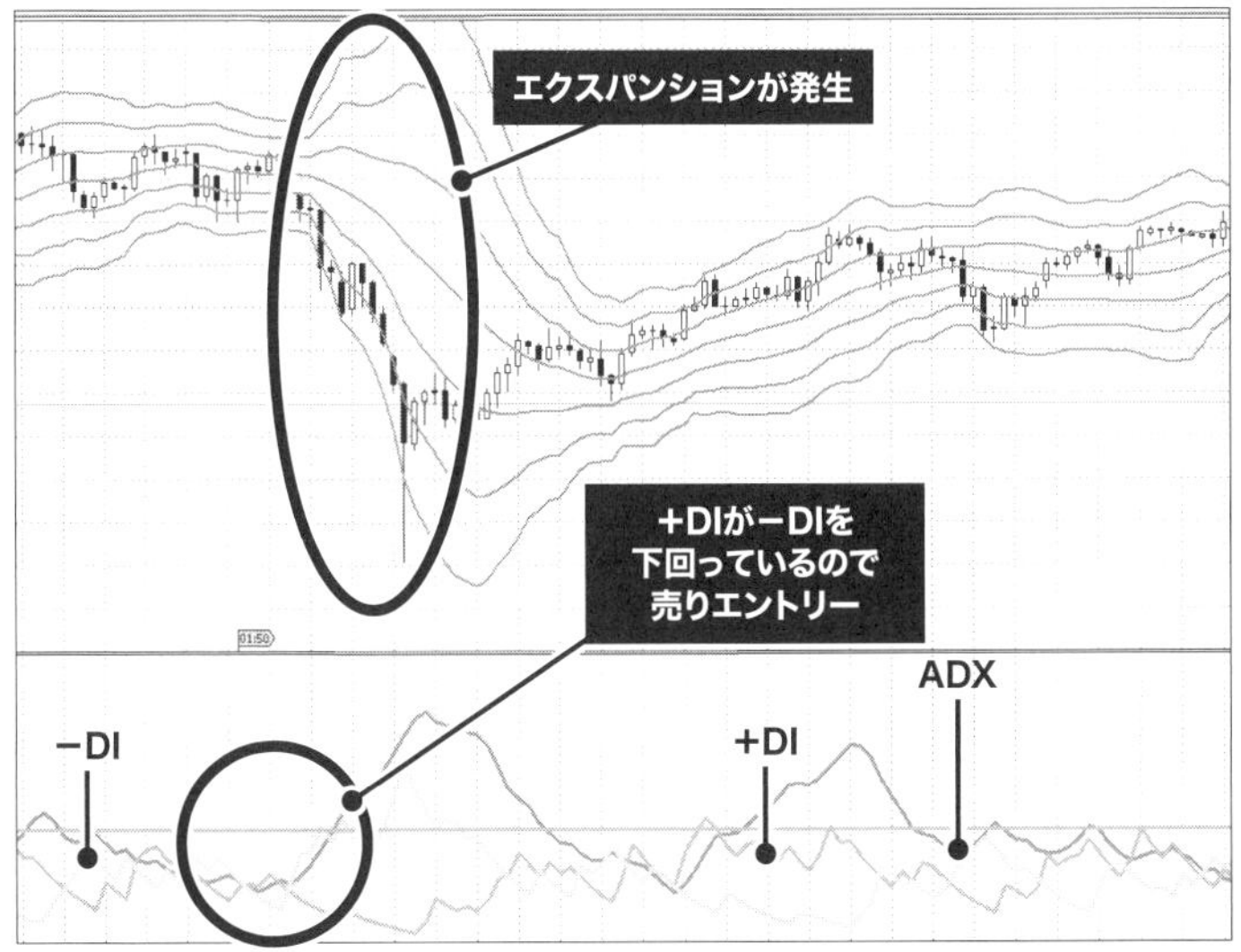

エクスパンション発生時に＋ DI が− DI を下回っているので売りエントリーする。

バンドウォーク中にＡＤＸが上昇したら買い増し・売り増し

03

買い増し&売り増しでさらなる利益を狙う

私のエントリーのポイント

ポジション保有中にバンドウォークが発生したとき、ＡＤＸが上昇していたら、強力なトレンドがでていると判断して、買い増しや売り増しを行います。

石川正一さん

バンドウォークが発生したらチャンス

エントリー後に、バンドウォークが発生したら買い増しや売り増しを行います。

買いポジションの保有中は、上昇中のプラス1σ、プラス2σ、プラス3σのいずれかにローソク足が上昇しながら張り付いたらADXラインを確認し、30ラインの上で上昇していれば買い増しを行います。

売りポジションの保有中は、下降中のマイナス1σ、マイナス2σ、マイナス3σのいずれかにローソク足が下降しながら張り付いているときにADXラインが30ラインの上で上昇していれば売り増しを行います。

エクスパンション時のADXの動きを確認する

ADXラインはプラスDIとマイナスDIの乖離を示しているので、ADXが上昇しているときはそれだけトレンドの勢いが強いと判断できます。

その状況がバンドウォークと同時に発生すれば大きな利益が得られる可能性が高いため、買い増しや売り増しを行うというわけです。

ＡＤＸラインの基準を30に設定しているのは、これまでの経験上30程度を基準にした方が勝率が高いことと、30以下に設定するとエントリー直後にもサインが出やすいためです。

「エントリー直後に買い増しや売り増しをするなら、そもそも最初のエントリー時点でトレード枚数を増やした方が楽なので、エントリー直後にはサインが出にくい設定にしています。それでも、エントリー直後にサインが出た場合は強力なトレンドが発生したと判断できるので買い増し、売り増しを行います」

買い増しや売り増しするときのトレード枚数はそのときの相場状況や資産状況で判断しているので一概には言えませんが、目安としては1回のエントリー額と同じくらいにすることが多いそうです。

買い増し・売り増しの判断基準

バンドウォーク発生中にADX上昇で売り増し

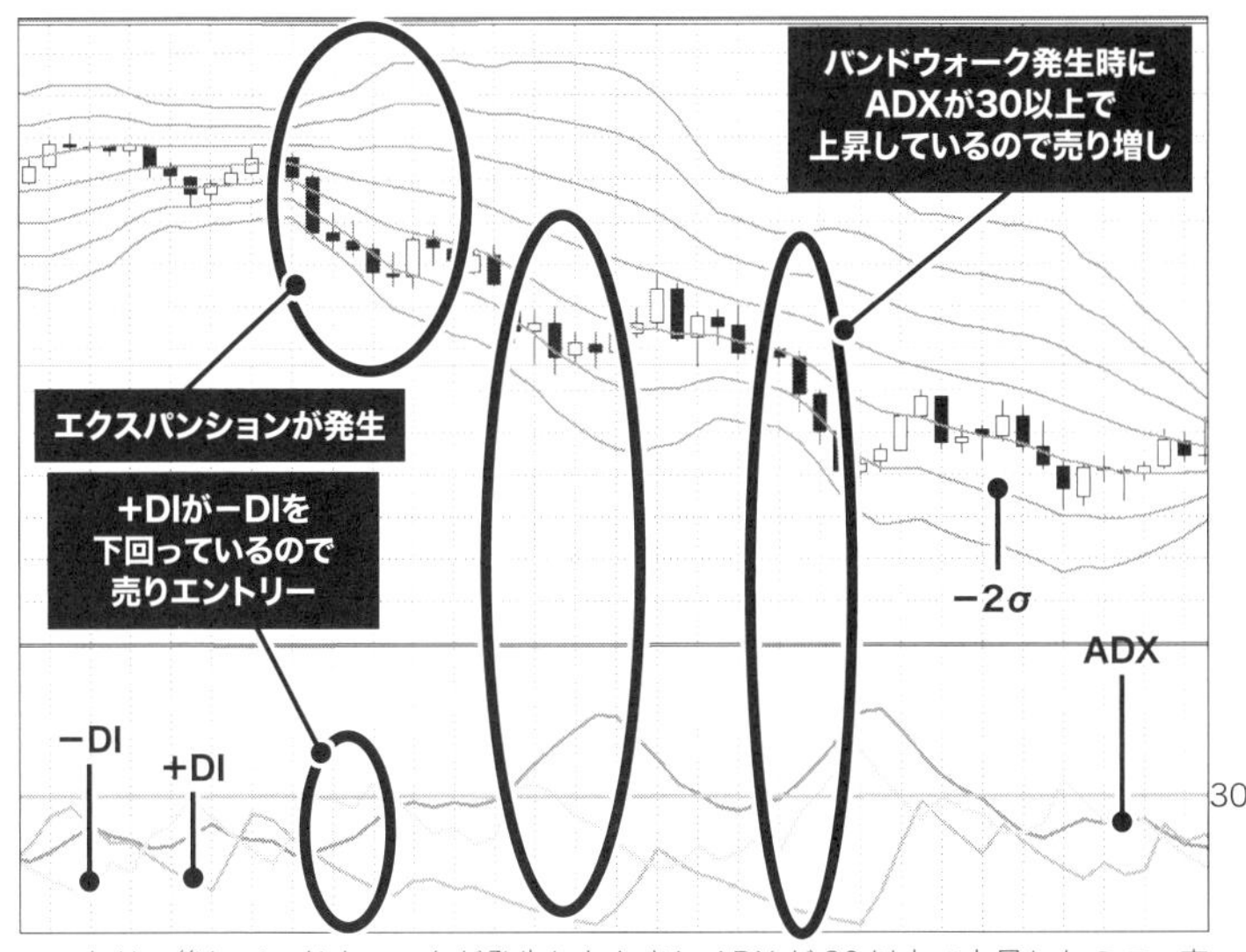

エントリー後にバンドウォークが発生したときに ADX が 30 以上で上昇したので、売り増しを行う。

ボリバンとＡＤＸのラインがともに収縮したらイグジット

04

トレンドが弱まったらイグジット

私のイグジットのポイント

ボリバンでスクイーズが発生し、ＡＤＸの３本のラインが収縮したら、トレンドが弱まったと判断してイグジットします。

石川正一さん

スクイーズとＡＤＸの収縮でイグジット

イグジットはスクイーズが発生したタイミングで行います。

スクイーズが発生したかどうかの判断はσラインの動きとＡＤＸの3本のラインから判断します。

具体的にはσラインが収縮しているなかで、ＡＤＸの3本のラインも収縮したら、スクイーズが発生したと判断してイグジットします。スクイーズだけで判断するとダマシになってしまうことも多いため、ＡＤＸを判断基準に組み込んでいます。

170ページで紹介した買い増しや売り増ししたポジションも同じタイミングでイグジットします。

σラインが収縮してもＡＤＸの3本のラインがばらけて動いている場合は様子見し、ＡＤＸの3本のラインが収縮するまで待ちます。

判断が難しい場合は、ＡＤＸの動きでイグジット判断

ボリバンやＡＤＸのラインの動きが鈍く、イグジット判断が難しい場合は、

ＡＤＸラインの動きで判断します。

ボリバンがあまり収縮しないにも関わらず、ローソク足の動きが鈍くなっている場合は、スクイーズの判断が困難です。その場合はＡＤＸラインが30以下になったタイミングでイグジットします。

「ボリバンがスクイーズしたかどうかはあとからチャートを見ればわかりますが、トレード中には見逃してしまうこともあります。イグジットするタイミングを見失ってしまった場合もＡＤＸラインが30以下になったタイミングでイグジットします」

イグジットのタイミング

スクイーズとADXの動きでイグジット

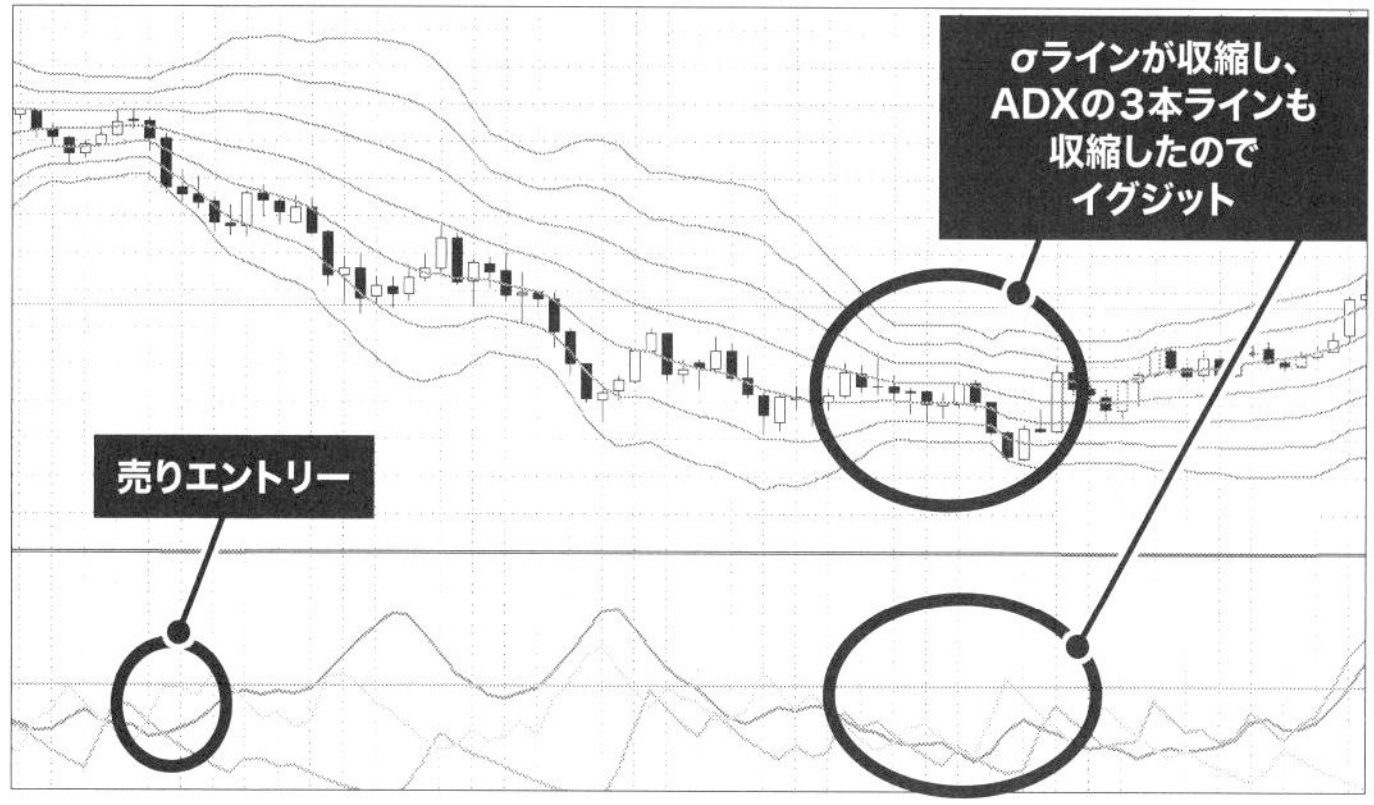

σラインとADXのラインがともに収縮した場合はスクイーズが発生したと判断してイグジットする。

ADXラインが30以下になったらイグジット

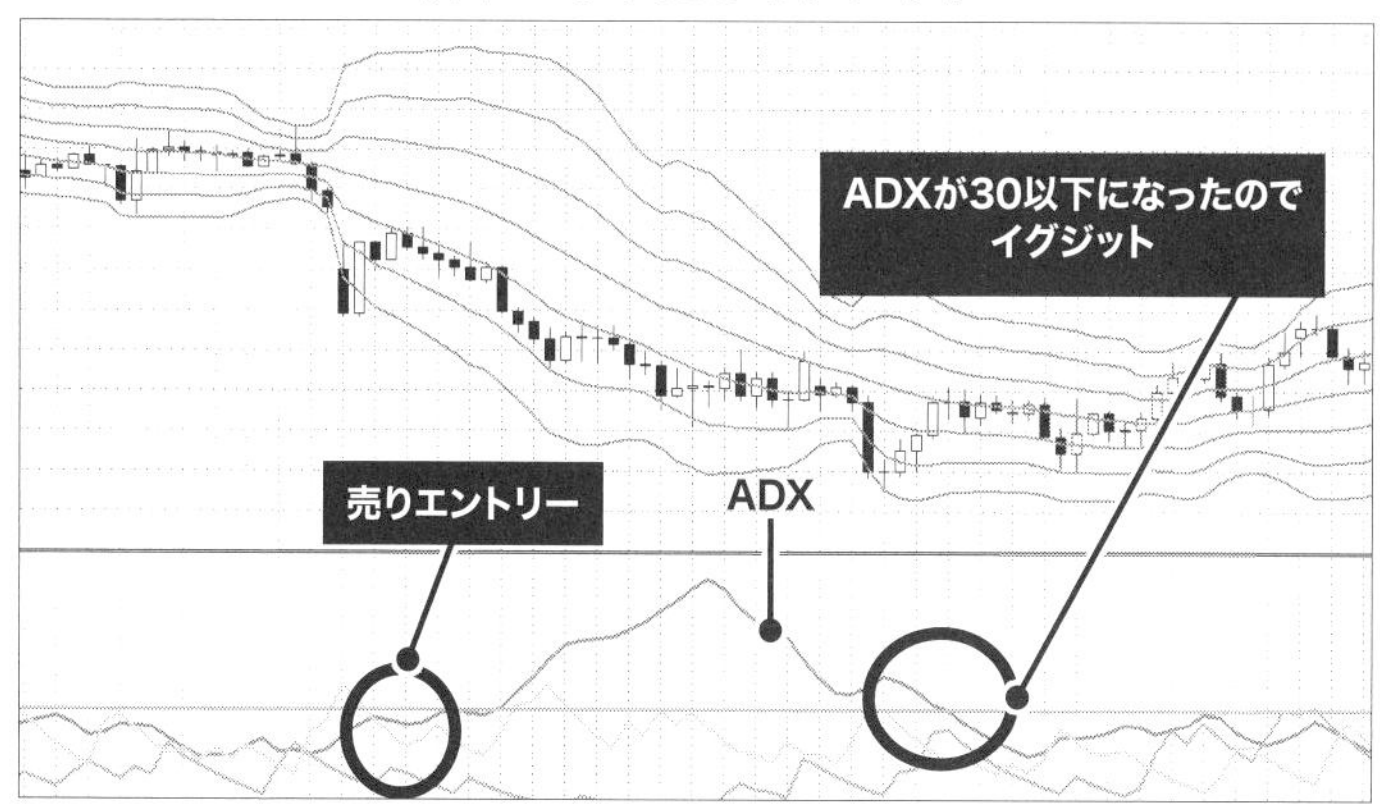

スクイーズによるイグジットができなかった場合はADXラインが30以下になったのを確認してイグジットする。

プラスDーやプラスDーが急激に動いたらイグジット

05

トレンド転換のサインでトレード失敗と判断

私のイグジットのポイント

ポジション保有中にプラスDーとマイナスDーが勢いよくクロスしたらトレンド転換の可能性があるのでイグジットします。エントリー直後に発生した場合は損切になりやすい傾向があります。

プラスＤＩとマイナスＤＩのクロスでイグジット

ポジション保有中にプラスＤＩとマイナスＤＩがクロスしたらトレンド転換の可能性があるため、イグジットします。

１８１ページの上チャートのように買い（売り）ポジション保有している場合は、プラスＤＩとマイナスＤＩがクロスしながら、マイナス（プラス）ＤＩが勢いよく上昇したらイグジットします。

ただし、ＡＤＸの特性上、１８１ページの下チャートのようにローソク足１本分の期間だけクロスすることもあります。この場合はダマシなので、ポジション保有を継続します。

含み損が膨らむ前にイグジットする

ローソク足が急激に変動した場合、プラスＤＩとマイナスＤＩによる判断を待っていると含み損が大きくなってしまうことがあります。

そのため、ローソク足が大きく反転した場合は含み損が膨らむ前にイグジットします。

石川さんは相場状況を見て感覚的にイグジットするタイミングを判断していますが、目安としては買い（売り）エントリーの場合は、エントリーしたときのローソク足の高値（安値）を超えたらイグジットしています。

石川正一さん

トレード失敗の判断

+DIが勢いよく上昇しながらクロスしたのでイグジット

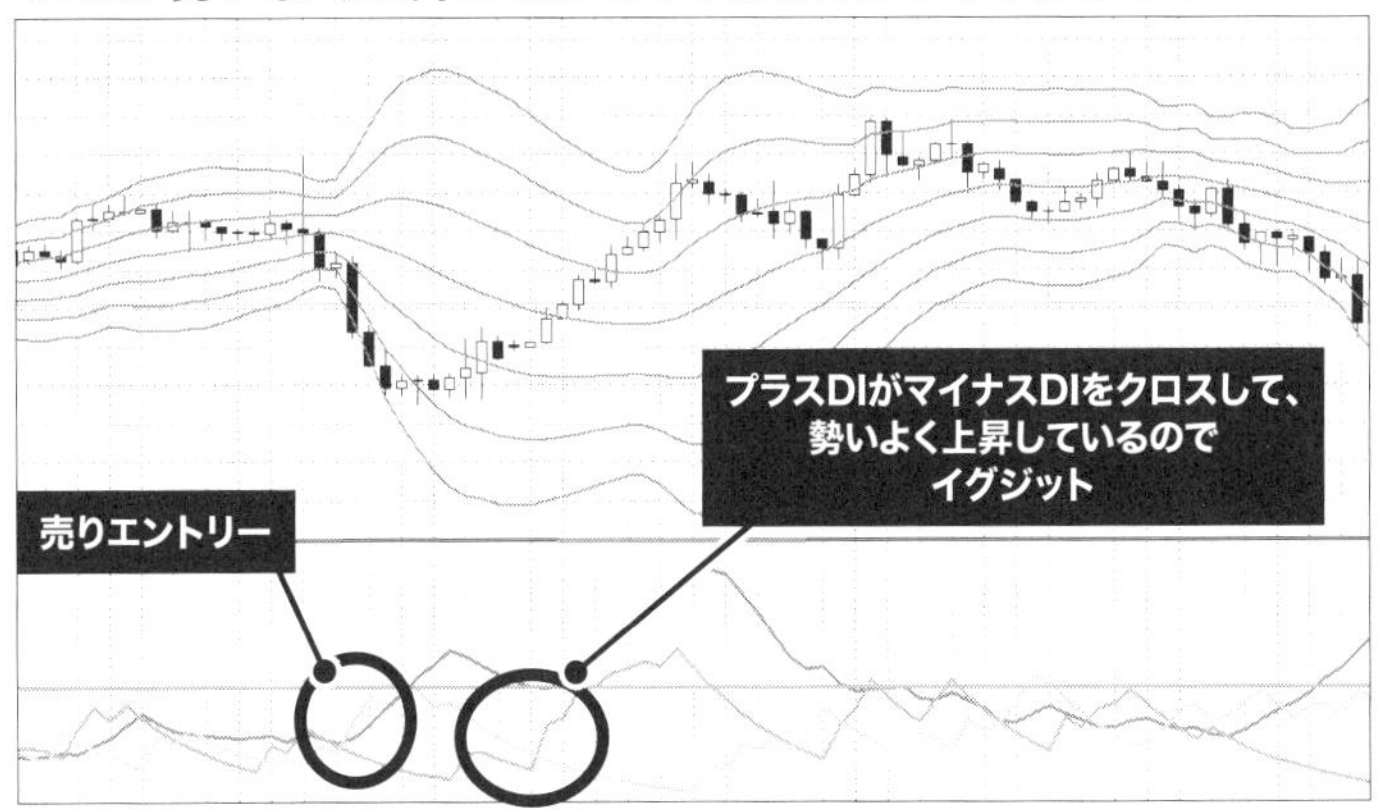

プラスDIがマイナスDIを突き抜けながら大きく上昇しているので、イグジットする。

一時的に+DIと−DIがクロスしてもイグジットしない

プラスDIとマイナスDIが一時的にクロスした場合はダマシなんで、イグジットしない。

06 儲けるためのテクニック

テクニック1 わかりやすい相場だけを狙う

石川さんは最初のうちはわかりやすい相場だけを狙うことを推奨しています。「わかりやすい相場というのはボリバンの動きがしっかりしている相場です。あきらかにエクスパンションが発生しているとわかるような相場で経験を積んだ方がトレードの流れの理解が早まります」

左ページのチャートのように慣れないうちはボリバンだけを表示し、ローソク足とボリバンの縦軸を広く使った方がエクスパンションの動きがわかりやすいのでお勧めです。

まずは、ボリバンだけのチャートとADXを加えたチャートのふたつのチャートを用意してトレードしましょう。

わかりやすい相場を狙う

明確にエクスパンションが表示される

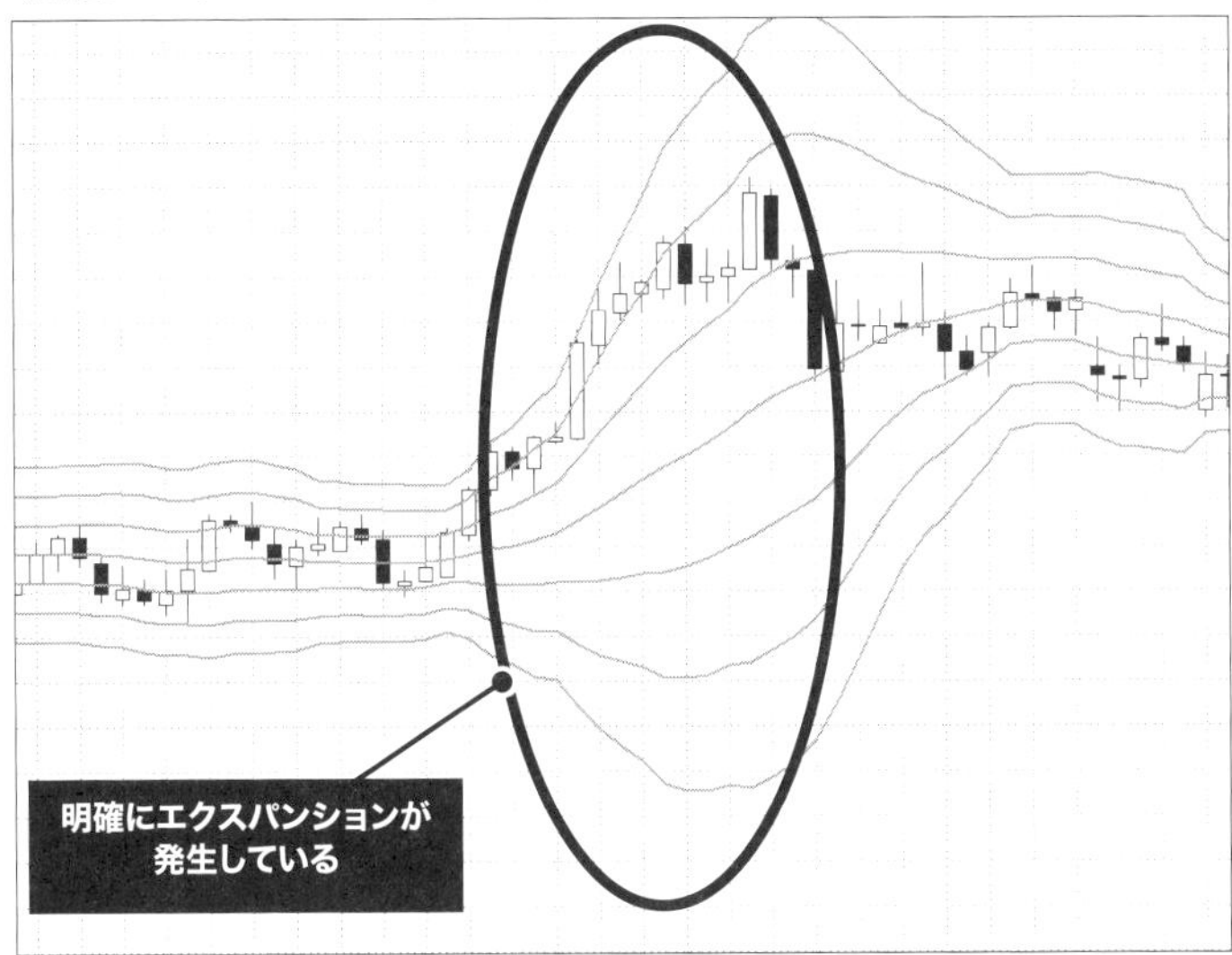

慣れないうちは、わかりやすくエクスパンションが発生しているときを狙う。

テクニック2 長期チャートのほうがわかりやすい

石川さんは1時間足と4時間足、日足の3つの期間のチャートを使用していますが、長期チャートほどトレードがしやすいといいます。その理由は長期チャートほど、テクニカルが教科書どおりの動きをするからです。

「チャートを長期になるほど、トレンドがはっきりし、上昇と下降を繰り返すような動きになりにくい傾向があります。そのため、テクニカル指標も教科書どおりの動きになり、トレードをしやすい相場になります」

左ページのチャートは米ドル／日本円の日足チャートですが、エクスパンションやスクイーズがはっきりとわかり、ローソク足もトレンドの方向性がわかりやすい動きをしています。

長期になればなるほど、エントリーチャンスは少なくなりますが、勝率は高くなります。長期視点でじっくり稼ぎたい場合は、日足に絞ってトレードするのもひとつの手です。

石川正一さん

長期チャートはトレードしやすい

米ドル／日本円の日足チャート

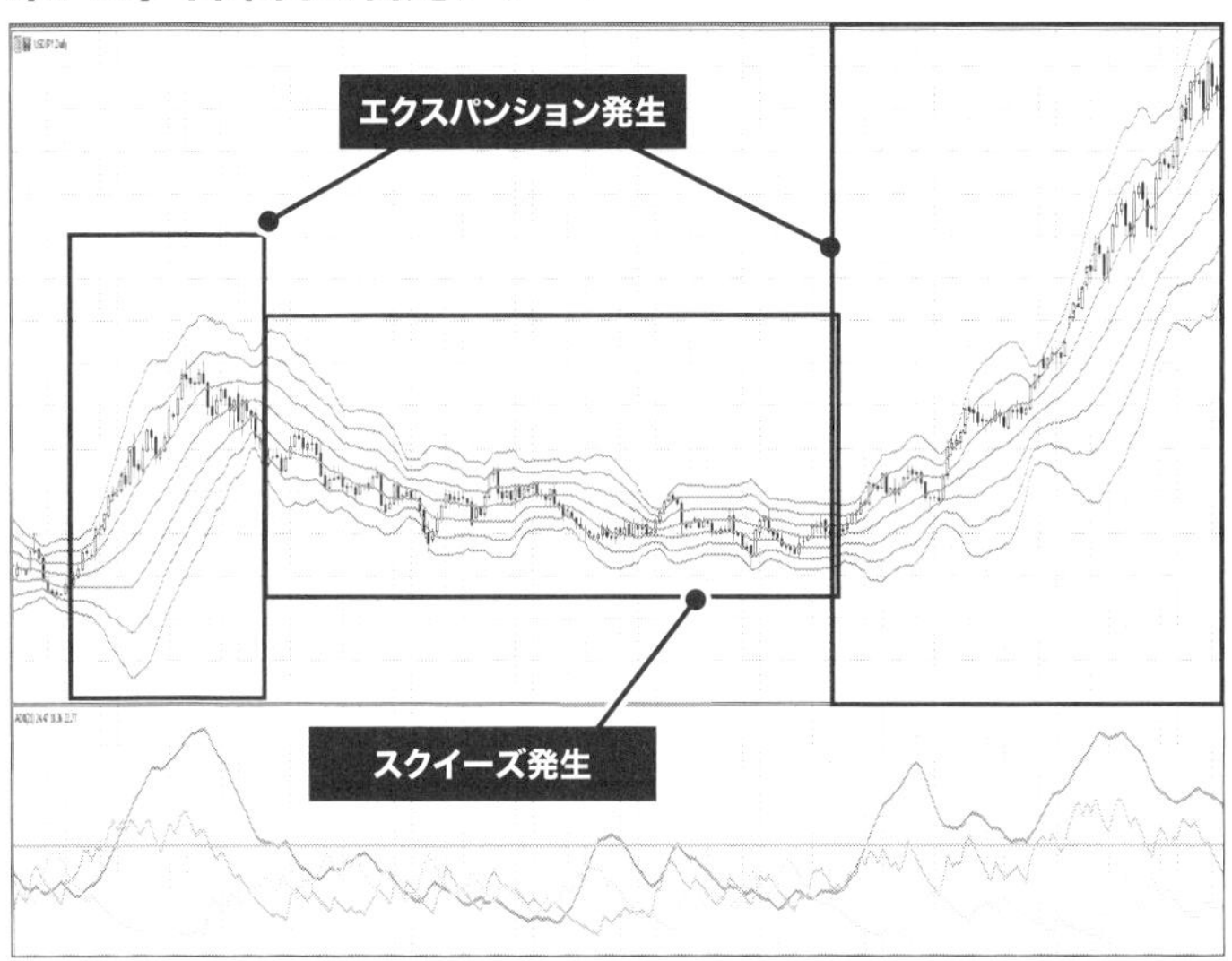

長期のチャートほど、エクスパンションやスクイーズの動きがわかりやすい。

ボリバンと雲、MACDを使ったデイトレ&スイングトレード

01

田口優斗さんの手法

私の手法のポイント

ボリバンと一目均衡表の雲を使ったトレード手法と、ボリバンとMACDを使ったトレード手法のふたつがあります。トレンド発生時はボリバンと一目均衡表の雲の手法、もみ合い相場ではボリバンとMACDの手法を使います。

田口優斗さん

ボリバンと一目均衡表の雲を使う

田中優斗さんはトレンドの状況によってふたつの手法を使いわけます。ボリバンでエクスパンション発生中は一目均衡表の雲を使い（190ページ参照）、スクイーズ発生中はMACDを使います（202ページ参照）。テクニカル指標の設定は以下のようになります。

・ボリバン

参照期間「21」

σライン「±1σ」「±2σ」「±3σ」

・一目均衡表

転換線「9」

基準線「26」

先行スパンB「52」

・MACD

短期EMA「12」長期EMA「26」シグナル「9」

・ローソク足

「30分足」「1時間足」「4時間足」「日足」

田口さんは、複数の時間足を見てトレードしやすい（売買サインが出ている）チャートを探します。「30分足」や「1時間足」でサインが出ている場合はデイトレ、「4時間足」や「日足」でサインが出ているときはスイングトレードになります。

通貨ペアは米ドル／日本円、ユーロ／日本円、英ポンド／日本円、ユーロ／米ドルを使います。

田口優斗さん

田口さんのチャート画面

ボリバンと雲、MACDを表示する

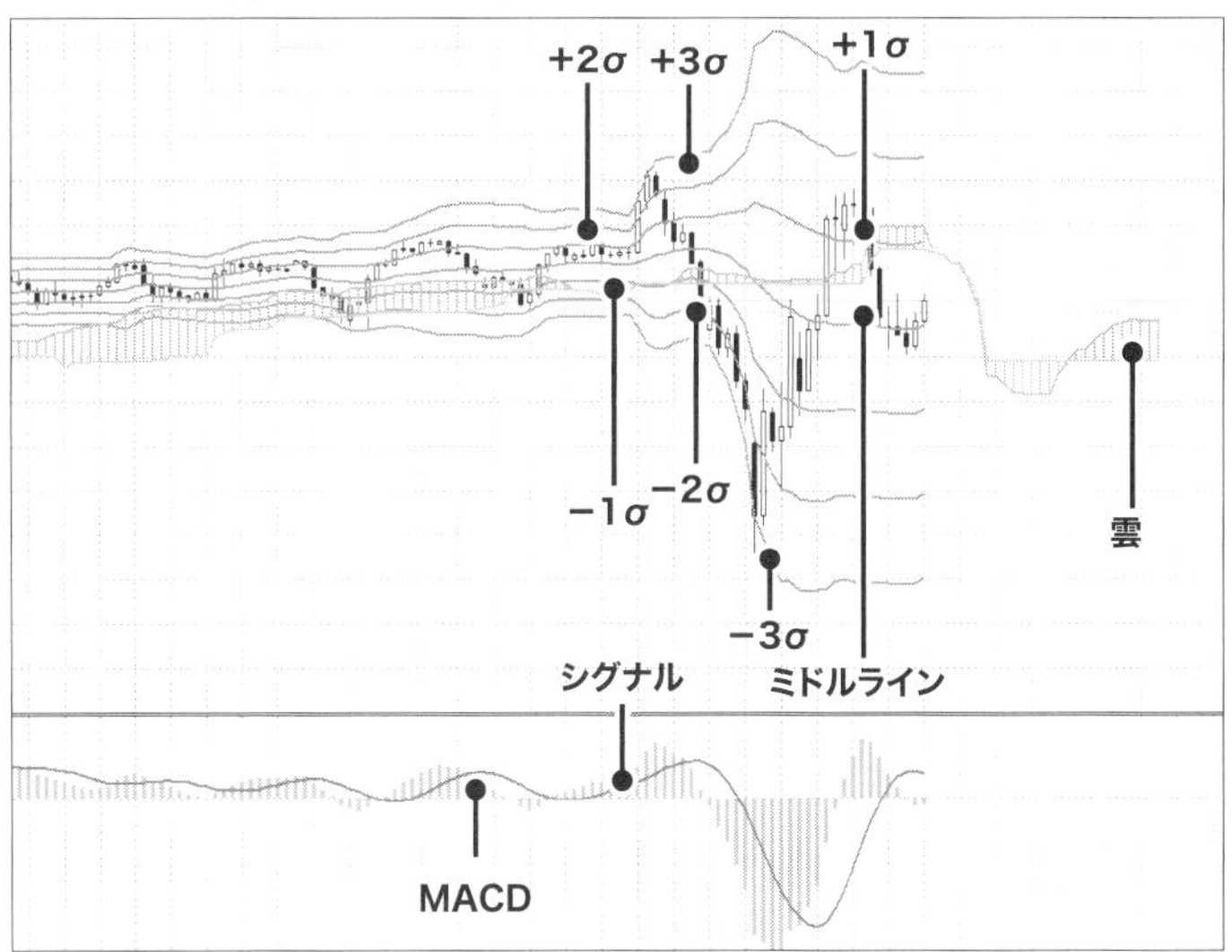

通貨ペアは米ドル／日本円、英ポンド／日本円、ユーロ／日本円、ユーロ／米ドル。時間足は 30 分足、1 時間足、4 時間足、日足を利用する。

エクスパンション発生時のエントリーは雲のねじれがポイント

02

先行する雲の動きで売買判断

私のエントリーのポイント

ボリバンでエクスパンションが発生したら、先行する雲の動きを確認して、雲がねじれたらエントリーします。

田口優斗さん

先行する雲の動きでエントリー判断

田口さんは前述したようにふたつのトレード手法を使います。ひとつめは、ボリバンと雲を使った手法です。

この手法はボリバンでエクスパンション発生中に使用します。エクスパンション発生中に先行している雲がねじれていたらエントリーをします。

具体的にはボリバンでエクスパンションになったときに、先行する雲が先行スパンAが先行スパンBを上に突き抜けるねじれが発生したら買いエントリー、先行スパンAが先行スパンBを下に突き抜けるねじれが発生したら売りエントリーします。

エクスパンション発生時にすでに雲がねじれていた場合はエクスパンションが発生した時点でエントリーします。

雲のねじれに判断がつかない場合はエントリーしない

相場状況によっては193ページの下チャートのように先行スパンAと先行スパンBに重なり合ってねじれているのかどうか判断がつかない場合がありま

す。

こういった場合はトレンドの方向性がはっきりせず、一度上昇した後に下降したり、下降した後に上昇するなど荒れた動きになりやすい傾向があります。

そのため、ねじれたかどうか判断できない場合は、エントリーせずにはっきりとねじれが発生するまで待ちます。

売りサイン

エクスパンション中に、先行する雲が先行スパンAが先行スパンBを下に突き抜けるねじれが発生したとき

エクスパンション中に、先行する雲が先行スパンAが先行スパンBを上に突き抜けるねじれが発生したとき

田口優斗さん

雲のねじれによるエントリー

買いエントリーの場合

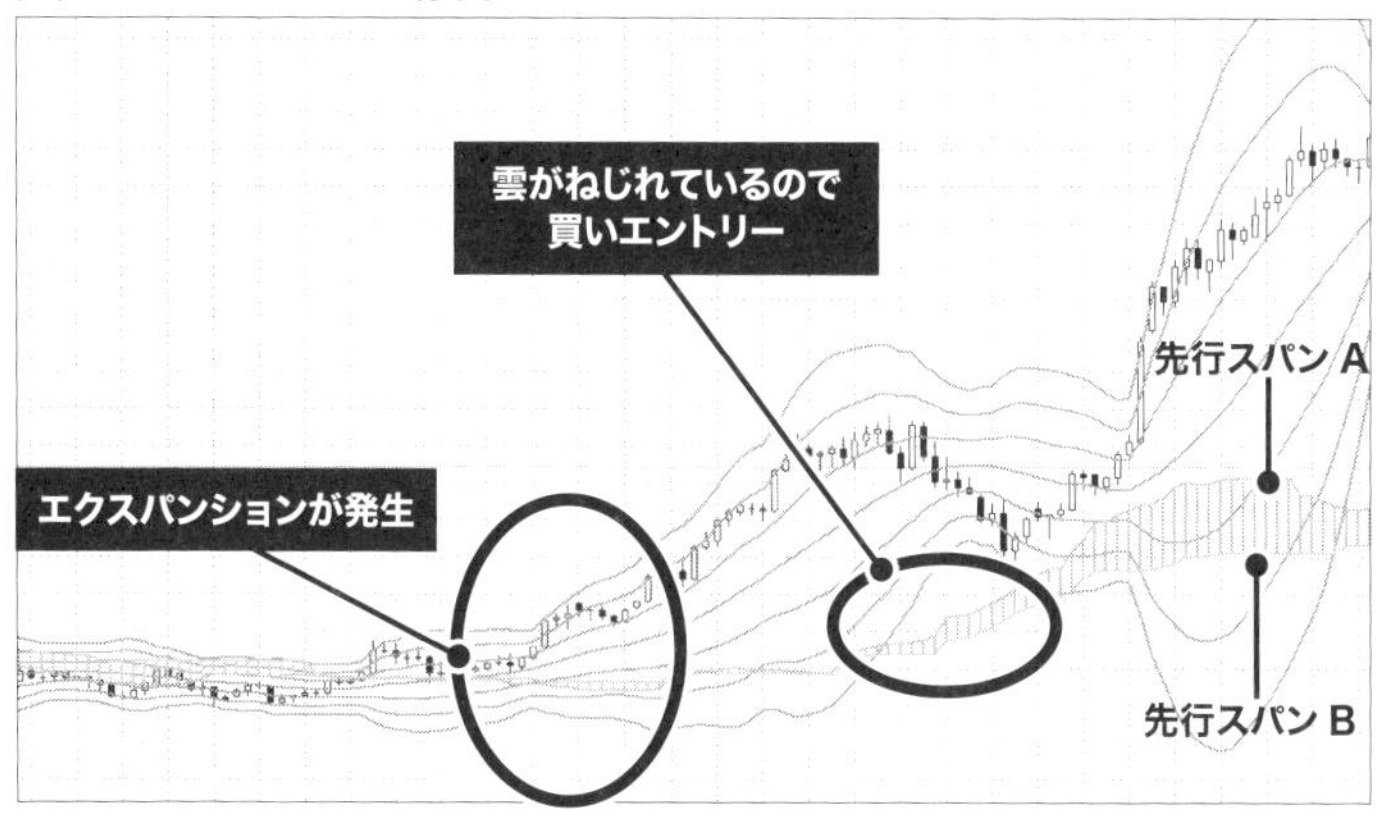

エクスパンション発生時に先行する雲が先行スパンAが先行スパンBを上に抜けているので買いエントリー。

エントリーを控える動き

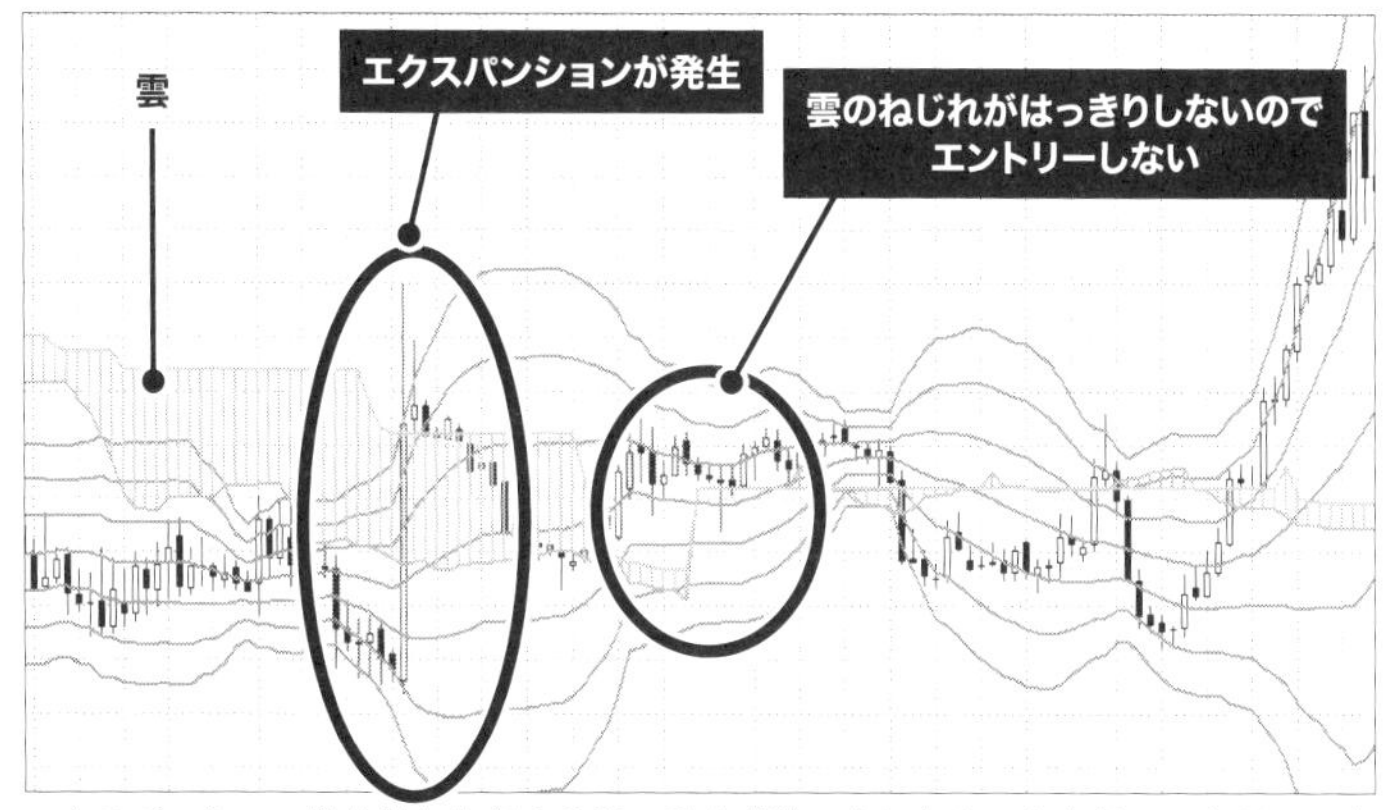

エクスパンション発生時に先行する雲の動きがはっきりしないときはエントリーしない。

エクスパンションやスクイーズ発生時に雲がねじれたらイグジット

03

イグジットも雲のねじれに注目

私のイグジットのポイント

スクイーズやエクスパンションが発生したときに雲がねじれたらイグジットします。エクスパンション時のねじれはエントリーサインと同じなので、反対売買を行います。

ボリバンと雲のねじれでイグジット判断

イグジットには2種類のパターンがあります。

ひとつ目のイグジットパターンはスクイーズ発生時に雲がねじれたときです。

たとえば買いエントリーしたあとに、ボリバンがスクイーズの形になり、先行する雲が先行スパンＢが先行スパンＡを上に突き抜けるねじれが発生したらイグジットします。

スクイーズが発生した後は再びエクスパンションが発生します。30分足や1時間足でトレードしている場合は、イグジットした日のうちに再びエクスパンションが発生することもあるので、チャートをチェックしておきましょう。

エクスパンション時のイグジット

もうひとつのイグジットパターンは、エクスパンション発生時に雲がねじれたときです。

これは今持っているポジションと逆方向のトレンドが発生したことを意味する

ので、イグジットします。

また、この形は１９０ページで紹介したエントリータイミングと同じなので、イグジットと同時に再エントリーを行います。

たとえば、買いポジション保有中にこの形になった場合は、イグジットと同時に売りエントリーを行うことになります。

田口優斗さん

雲のねじれによる利食いタイミング

スクイーズ発生時のイグジット

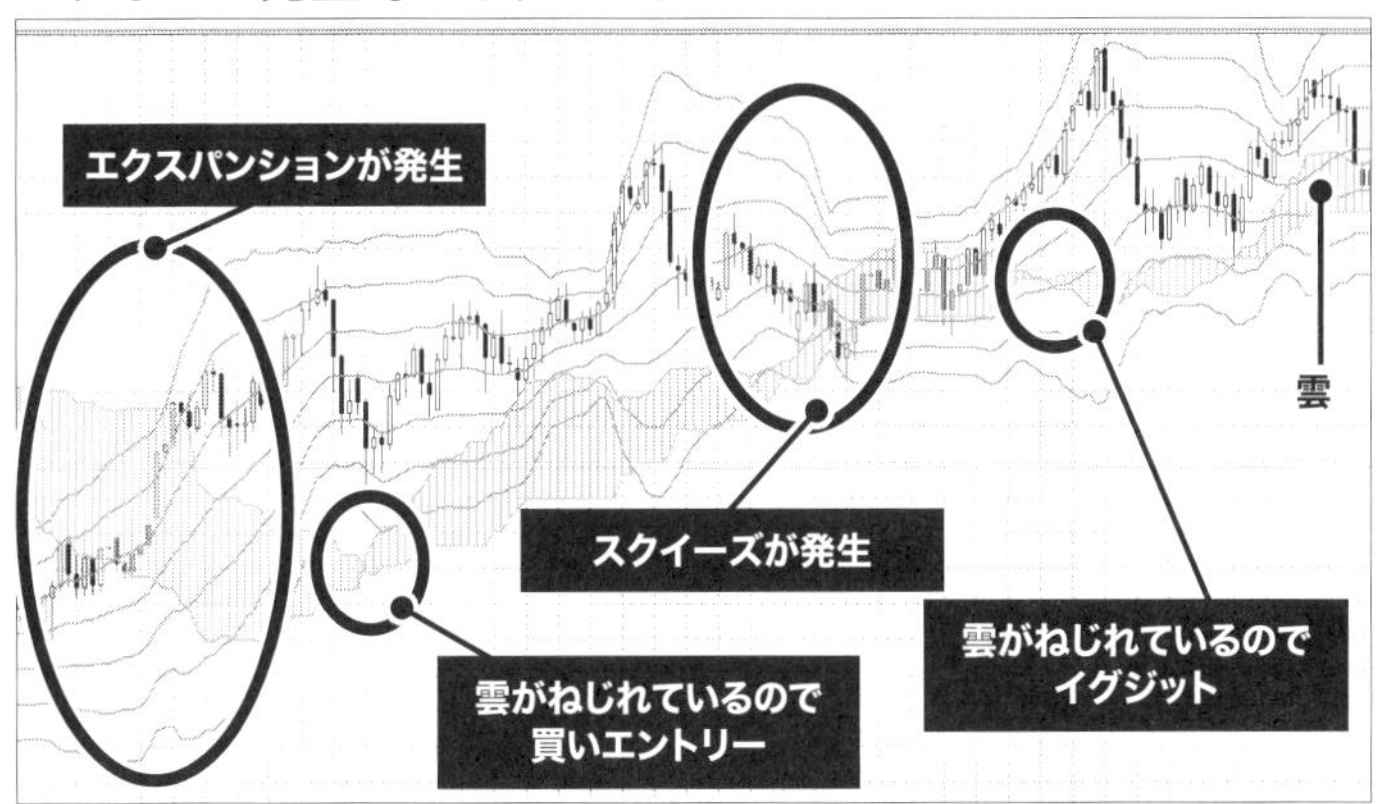

買いエントリー後、スクイーズが発生し、先行する雲がねじれたのでイグジットする。

エクスパンション発生中のイグジット

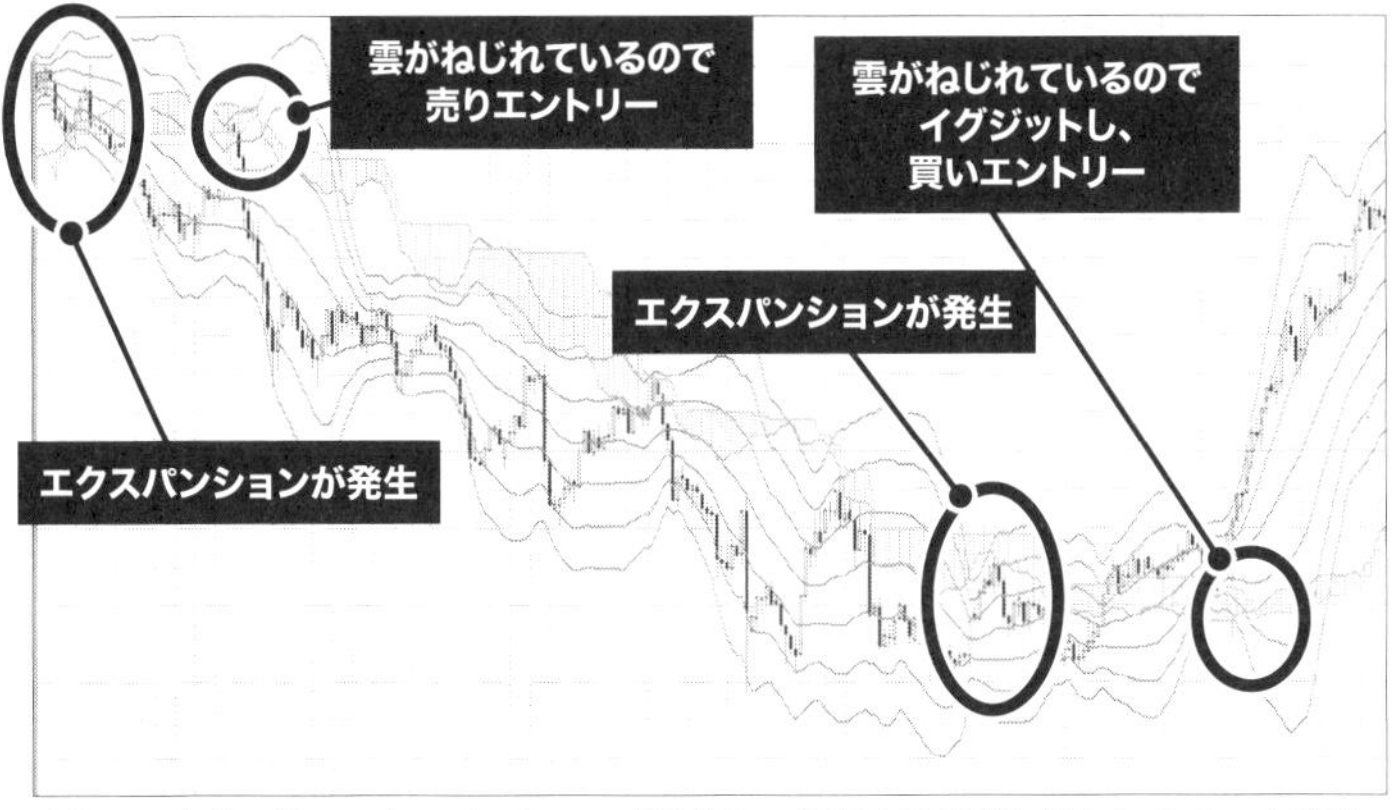

売りエントリー後、エクスパンションが発生し、先行する雲がねじれたので、イグジットし、買いエントリーをする。

エントリー直後に先行スパンAとBが重なったらトレード失敗

04

雲の動きでトレード失敗判断

私のイグジットのポイント

エントリー直後に雲が再びねじれたり、先行スパンAとBが重なった場合は、エントリーする方向が間違ったと判断してイグジットします。

エントリー直後の雲のねじれはトレード失敗

エントリー直後に雲が再びねじれたり、先行スパンＡと先行スパンＢが重なった場合は、トレンドが反転する可能性が高いのでトレード失敗と判断してイグジットします。

エクスパンション中はいったん上昇した後に大きく下降したり、いったん下降した後に大きく上昇する動きが時折あります。１９０ページではそれを避けるためにエントリーを避ける方法を解説しましたが、最初の上昇や下降が大きい場合は避けられずダマシになってしまいます。

田口さんの手法の性質上、これは避けられない失敗なので必要経費と割り切ってすぐに損切りすることが重要です。

「厳密にいえば、エントリータイミングを遅らせることでこの損切は避けることができますが、毎回エントリーを遅らせるとそれだけ利益も減ります。トレード失敗による損失と、エントリーを遅らせることによる機会損失をくらべるとエントリーを遅らせるほうが損失が大きくなってしまうので、トレード失敗による損失は許容しています」

ただし、投資資金が少ない場合は、トレード失敗による損失によって資金効率が悪くなってしまうこともあるので、投資資金が３００万円程度になるまでは、エントリーをローソク足5～6本分遅らせるのも有効です。

雲がねじれたらトレード失敗

エントリー直後の雲の動きでトレード失敗を判断

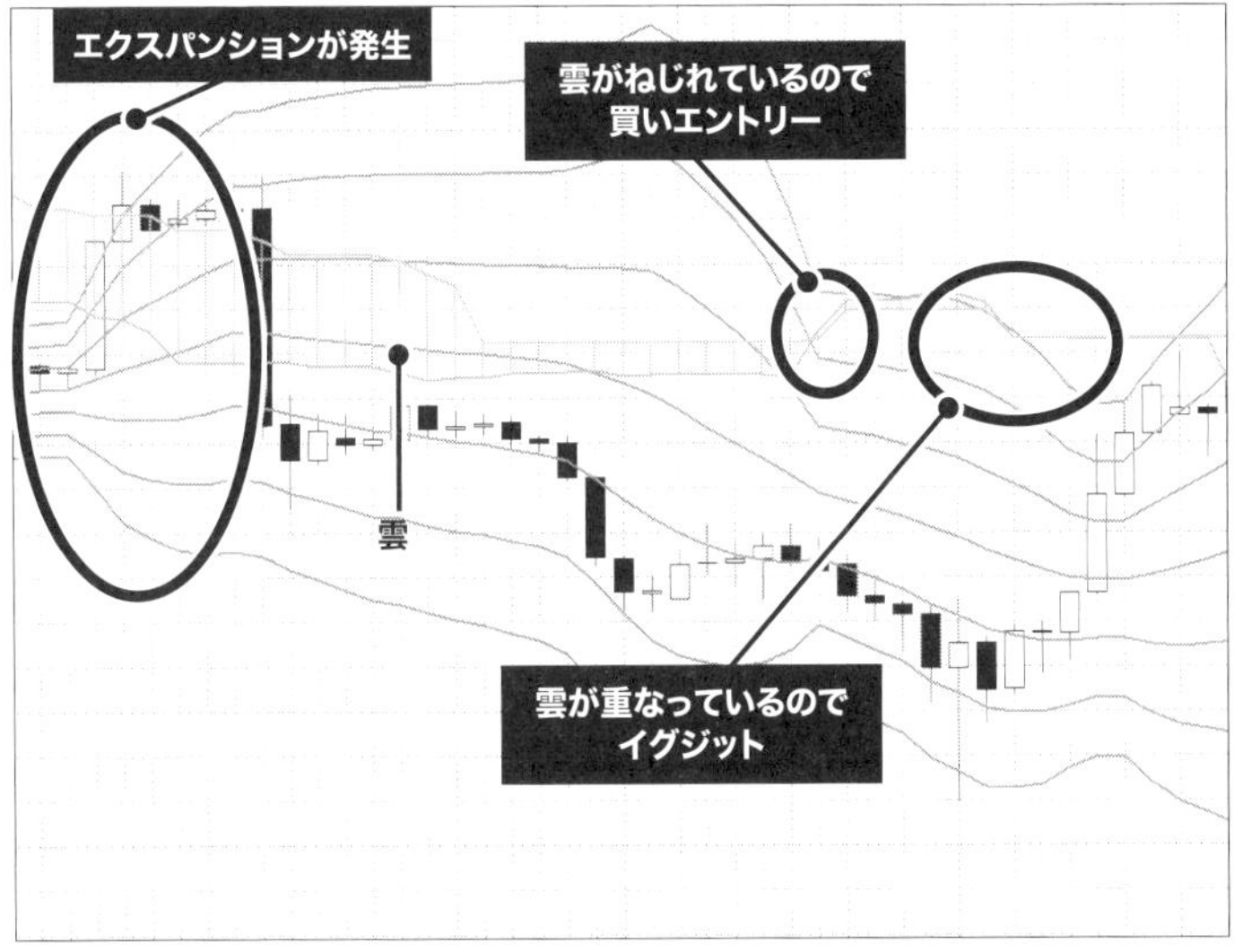

エントリー直後に先行する雲が重なっているのでトレード失敗と判断してイグジットする。

05

スクイーズ中のMACDのクロスでエントリー

私の手法のポイント

ボリバンでスクイーズ中にMACDとシグナルラインがクロスしたらエントリーします。スクイーズ中にエントリーするのは一度だけに絞ります。

もみ合い相場ではMACDでエントリー

田口さんのもうひとつのエントリー方法は、ボリバンでスクイーズが発生しているもみ合い相場でMACDを利用します。

ボリバンでスクイーズが発生してローソク足の動きがないときに、ローソク足がプラス2σ（マイナス2σ）より下（上）で推移しているときにMACDがシグナルラインをブレイクしたらエントリーします。

もみ合い相場で得られる利益は少ないので、できるだけ早めにエントリーを狙います。MACDがシグナルラインを上（下）にブレイクしたらローソク足が確定する前に買い（売り）エントリーを行います。

仮に失敗したとしても損失額も少ないので、早めにエントリーすることを心がけましょう。

スクイーズ中にエントリーするのは1度だけ

田口さんはスクイーズ中にトレードするのは1回だけと決めています。、その理由はもみ合い相場はあまり長続きはしないため、1回トレードが終わったところにはエクスパンションが発生しやすい状況になるからです。

スクイーズ中のトレードはあくまでサブ的なトレードで、エクスパンションによるトレードを最優先で考えるようにしましょう。

田口優斗さん

エントリータイミング

雲の中のσラインでローソク足が反発した場合

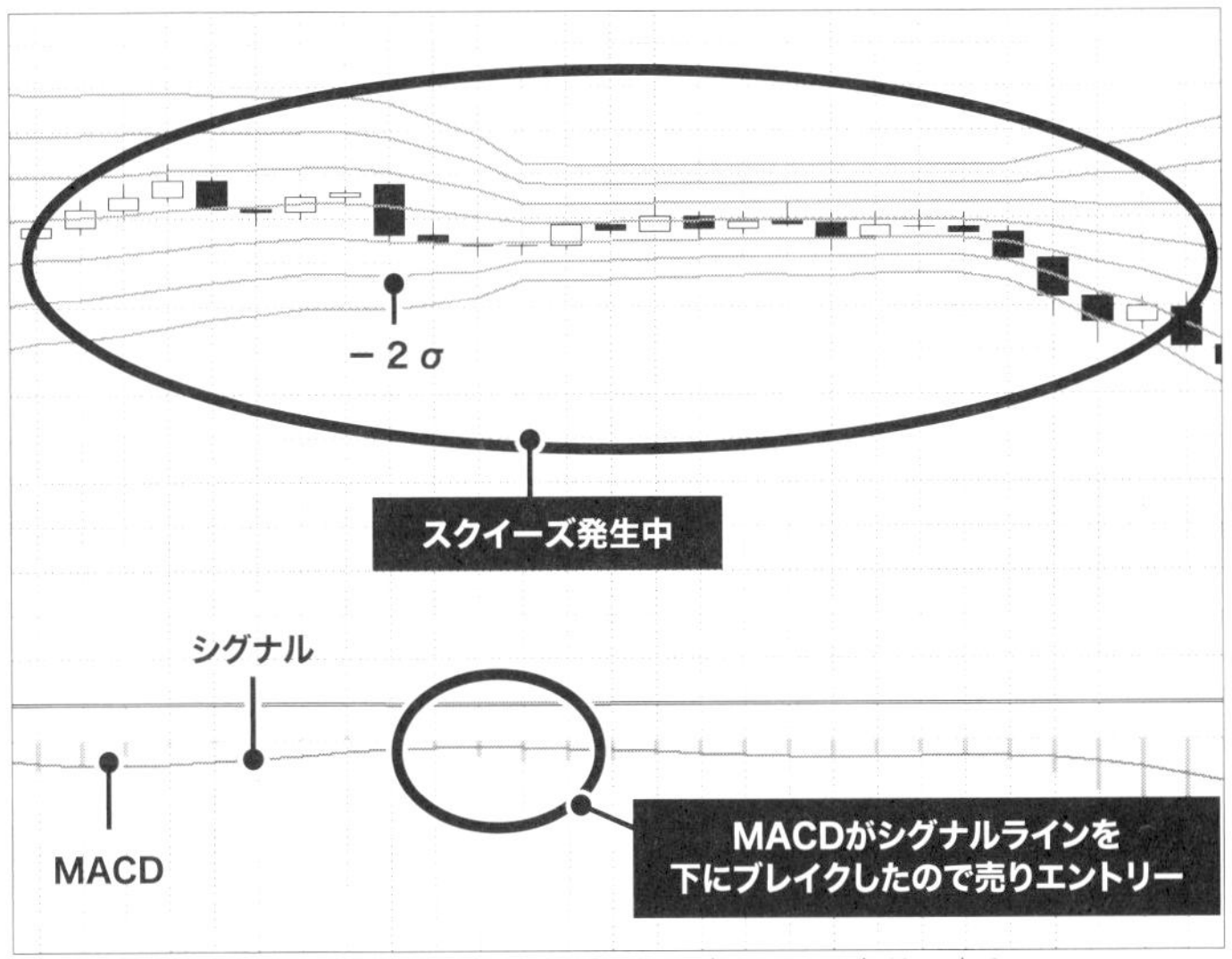

スクイーズ発生中にMACDとシグナルがクロスしたのでエントリーする。

±2σにタッチしたらイグジット

06

ボリバンを基準にイグジット

私のイグジットのポイント

スクイーズ中のイグジットはボリバンの±2σにタッチしたら行います。本来のボリバンの使い方とは異なりますが、経験上この基準が一番うまくいくため、σラインへのタッチによるイグジットを採用しています。

±2σにタッチしたらイグジットする

スクイーズ中にエントリーしたときはローソク足が±2σにタッチしたタイミングでイグジットします。

買いエントリーでも売りエントリーのどちらの場合も±2σのどちらかにタッチした時点でイグジットします。つまり、買い（売り）エントリーしたときにプラス2σ（マイナス2σ）にタッチすれば利食い、マイナス2σ（＋2σ）にタッチすれば損切りになります。

ローソク足がσラインにタッチしたときの売買判断はボリバンの本来の使い方ではありませんが、田口さんのこれまでの経験上、スクイーズ中はローソク足が±2σラインにタッチしたときにイグジットするのが一番効果的だったため採用しているとのことです。

「ただし、エクスパンション中のトレードに比べると利益額も少なく、勝率も低いです。これまでのトレードをトータルでみるとプラスになっているので続けていますが、投資資金が少なかったり、トレード時間が限られている場合は無理にトレードする必要はありません」

また、ポジション保有中にエクスパンションが発生した場合は、含み益、含み損問わずにイグジットして、190ページで紹介したエントリーに備えます。

スクイーズ中のイグジット

ローソク足が＋2σにタッチしたらイグジット

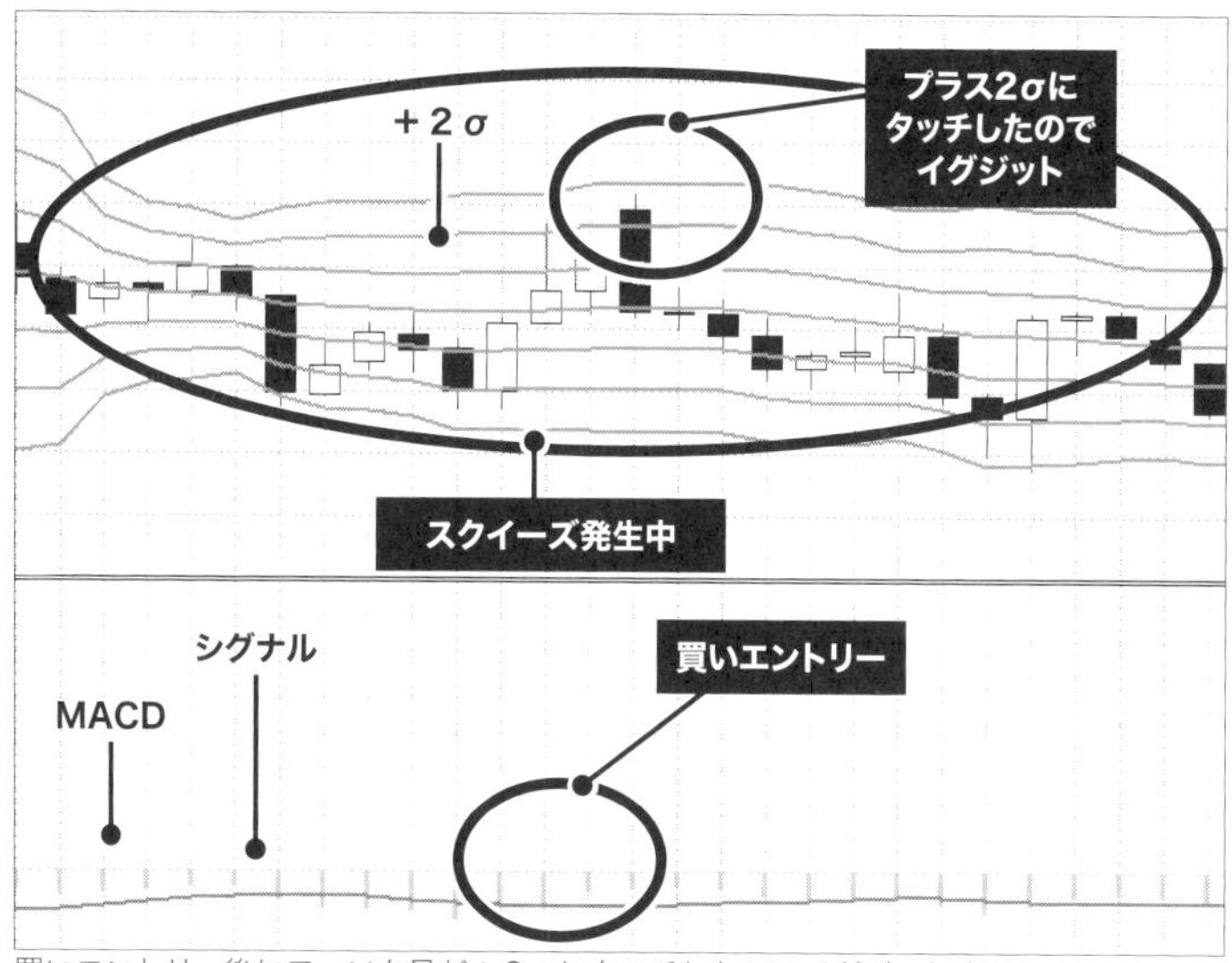

買いエントリー後にローソク足が＋2σにタッチしたのでイグジットする。

手間をかけたくないなら長期トレードがおすすめ

07

儲けるためのテクニック

テクニック1

大きな利益を狙うなら長期トレード

なるべく手間をかけずにトレードして稼ぎたいなら長期トレードのほうが良いと田口さんは言います。

左ページのチャートは米ドル／日本円のチャートですが、雲がねじれず継続していたので3か月間ポジションを持ちっぱなしで約700PIPSの利益になっています。デイトレなどで700PIPS稼ぐにはチャートに張り付いて何度もトレードする必要があります。

「専業トレーダーなら細かくトレードする必要があるかもしれませんが、お小遣い稼ぎや副業としてFXをやるなら長期トレードのほうが手間がかからずお勧めです」

田口優斗さん

長期トレードの方がおすすめ

米ドル／日本円の4時間足チャート

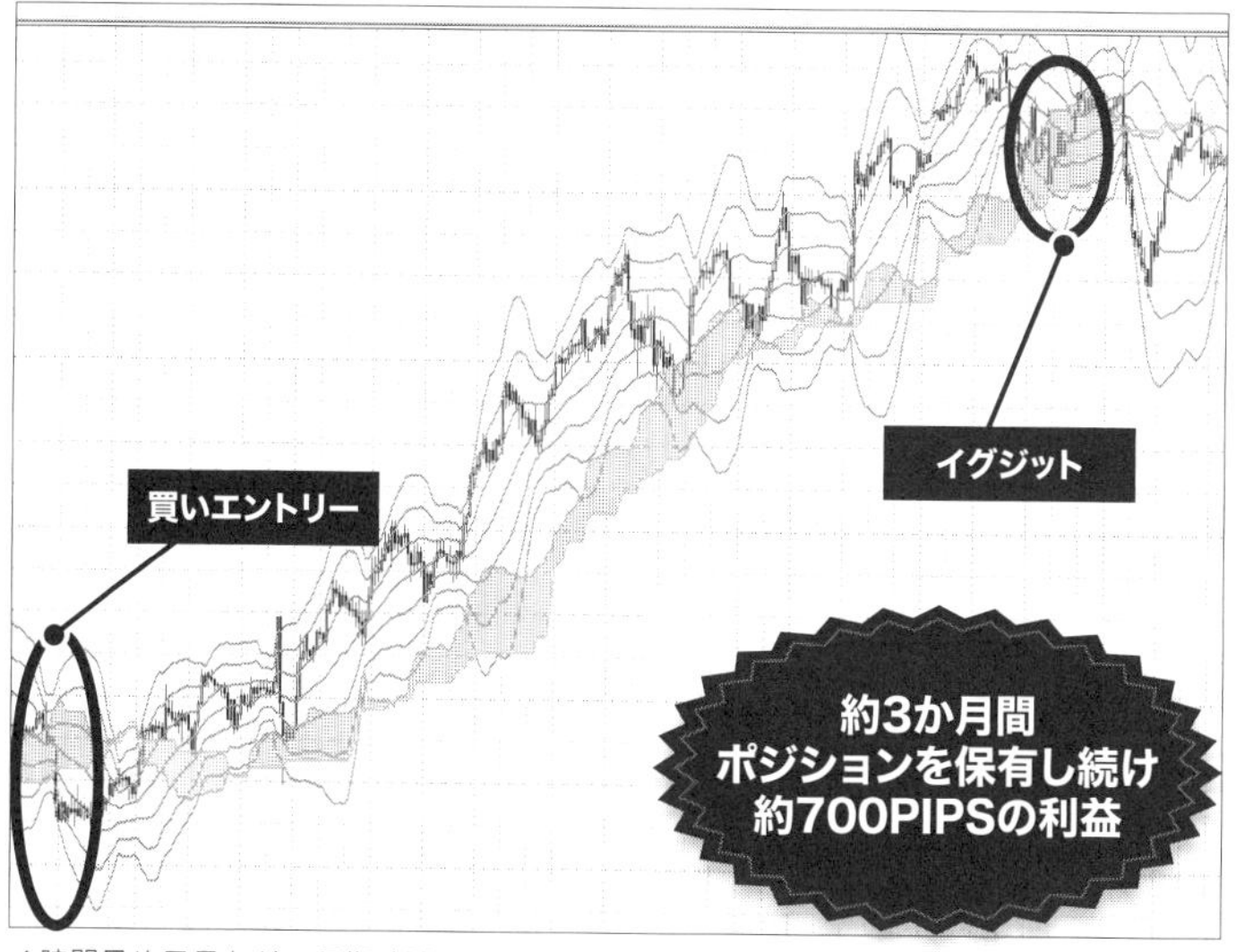

4時間足や日足などの長期時間足でのトレードなら手間なく大きく稼げる可能性がある。

テクニック2

明確にエクスパンションが発生したときを狙う

過去のチャートならどこでエクスパンションが発生したのかはわかるけど、リアルタイムでチャートを見ていても今エクスパンションが発生したのかどうかを判断できない人も多いでしょう。

慣れないうちは、よくわからないまま無理にエントリーしようとせず、左ページチャートのように明確にエクスパンションが発生したとわかるときに絞ってトレードするのも有効です。

「明確にエクスパンションが発生している場合は、トレンドもはっきり出るので失敗もしにくい相場と言えます。トレードがうまくいけば自信がつきますし、トレードを続けていくうちにそれまで判断できなかったエクスパンションもわかるようになってきます」

田口さん自身も最初のうちはあきらかにエクスパンションとわかるチャートだけでトレードしていたといいます。

田口優斗さん

明確にエクスパンションがわかるチャート

わかりやすいチャートでトレード

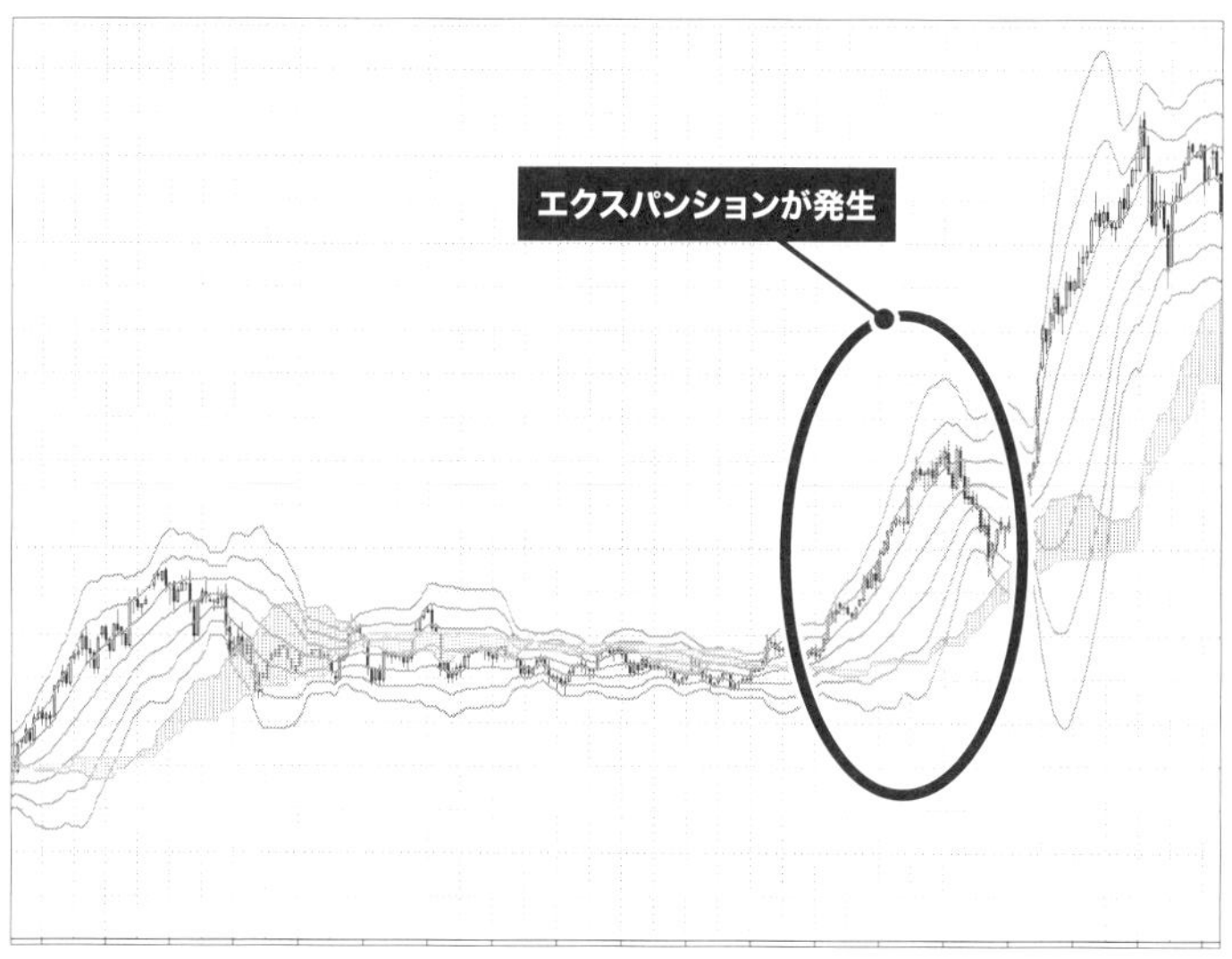

わかりやすいエクスパンションの形になったときは、勝率も高いため、リスクも低い。

第4章

シチュエーション別パターン分析

ボリバンを使って稼ぐ人は手法をとおしてどのように状況を判断しているのか？さまざまな要因で相場が大きく動いた10パターンのシチュエーションでどのようなトレードをしたのか解説しよう。

01

イランショック前後の円高と円安

２０２０年１月３日にイラン革命防衛隊のソレイマニ司令官がトランプ大統領の命令で殺害されました。その報復として1月8日にイランが米軍駐留基地を攻撃したことにより米ドル/日本円は１０４．６５円前後まで下落する「イランショック」が発生しました。

その後、「イランショック」が和らぎ、徐々に円安方向に動きを変え、米中が通商協議の第１段階で合意すると17日には１１０円台にまで動きました。

しかし、中国で発生した新型コロナウイルスへの感染が世界に広がり始めたため、１１０円を高値として徐々に円高・ドル安へと押し戻されていきました。

2020年1月

米ドル/日本円の4時間足チャート

イランショック後に上昇トレンドに

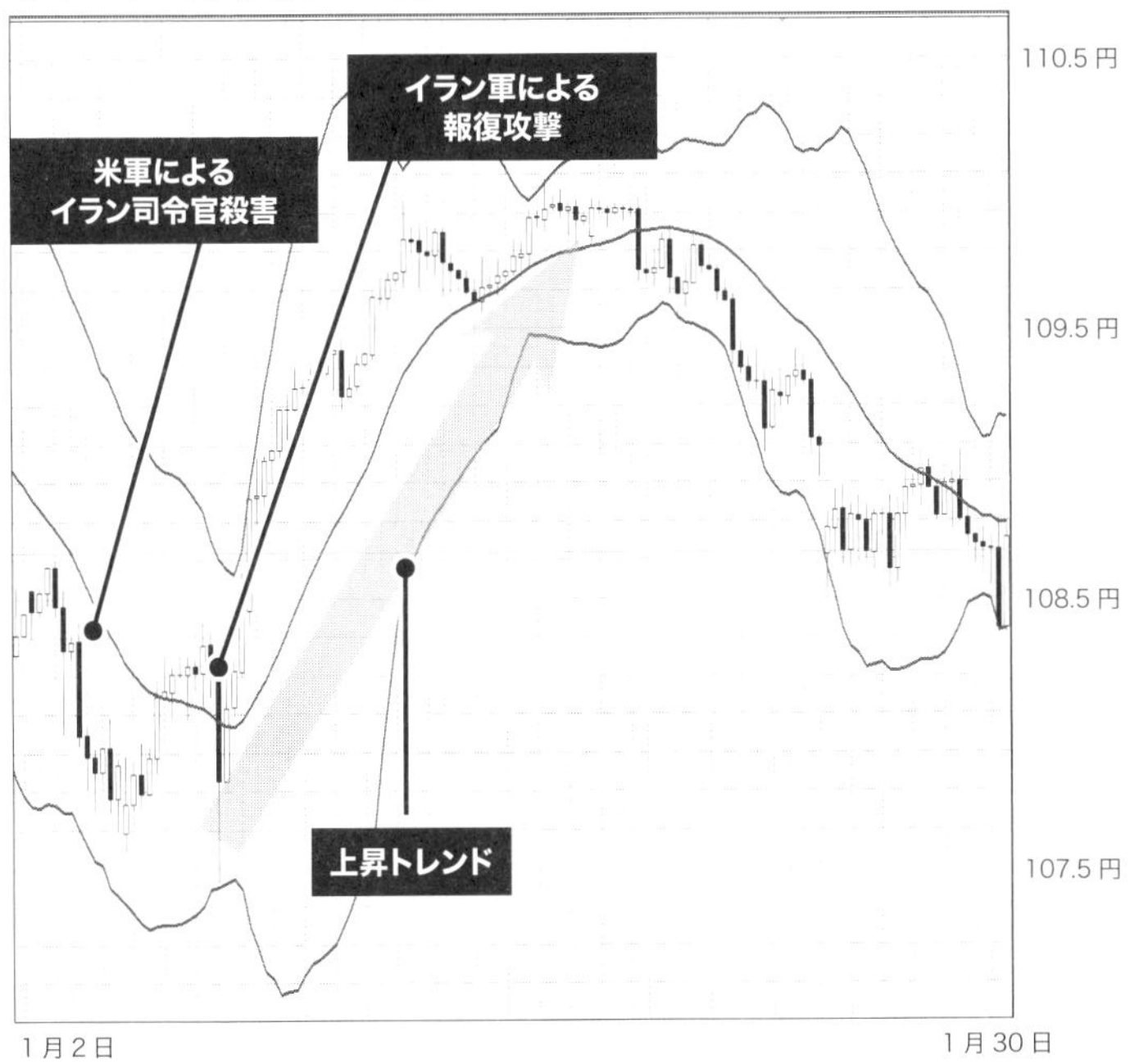

▶ 米軍によるイラン司令官の殺害

▶ イラン司令官殺害の報復のためにイラン軍が米軍駐留基地を攻撃

山田幸一さんの考え方

1 エクスパンション発生中にローソク足が雲を上に突き抜けたので買いエントリー

2 スクイーズが発生したので利食い

週足ベースでは2019年の9月ごろから上昇トレンドが続いていたので買いエントリーを狙っていました。

1月9日に4時間足でエクスパンションが発生し、ローソク足が雲を上に突き抜けたので買いエントリーしました。その後、順調に上昇トレンドが続き、1月13日ごろからスクイーズが発生したためイグジットしました。

まとめ

綺麗にエクスパンションとスクイーズが出たため、トレードしやすい相場だった。

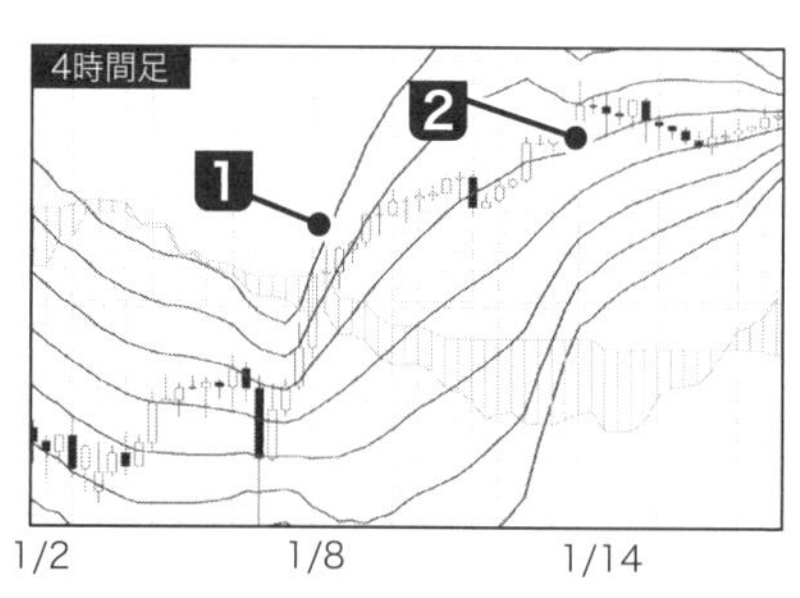

小池加奈子さんの考え方

1 押し目がでたタイミングではＭＡＣＤが下降していたのでエントリーできなかった

イラン軍の報復攻撃後の米ドル／日本円の相場はわかりやすい上昇トレンドだったので、買いエントリーで入りたかったのですが、ＭＡＣＤとシグナルはすでにクロスしていたので、押し目が出るのを待っていました。しかし、押し目が出るとＭＡＣＤが下降を始めたため、下降トレンドへの転換の可能性を考えてエントリーできませんでした。

まとめ

手法と相場の動きがかみ合わず、エントリーできなかった。

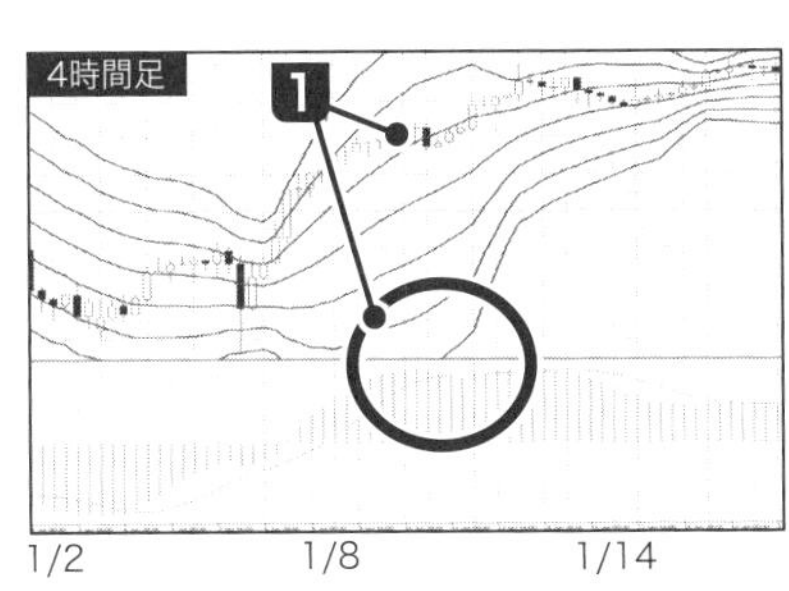

リスクオンにより、ドル安・円高相場から一転

02

米中関係改善によるドル高・円安相場

2019年11月1日に米国と中国は通商問題を巡る電話協議で進展が得られたことを明らかにし、トランプ大統領は米国内で中国の習近平国家主席と合意に署名したいとの考えを表明しました。また、中国商務省でも電話協議の結果、原則で一致したと発表しました。

これをうけて、それまで米中の関係悪化を懸念してリスク回避のためにドル安・円高に動いていた相場はドル高円安トレンドになりました。また、11月1日に発表された米雇用統計が良好な結果だったことも相場に影響を与え、11月中旬ごろまで上昇トレンドが続きました。

2020年11月

米ドル/日本円の1時間足チャート

米中の関係完全により上昇トレンドに

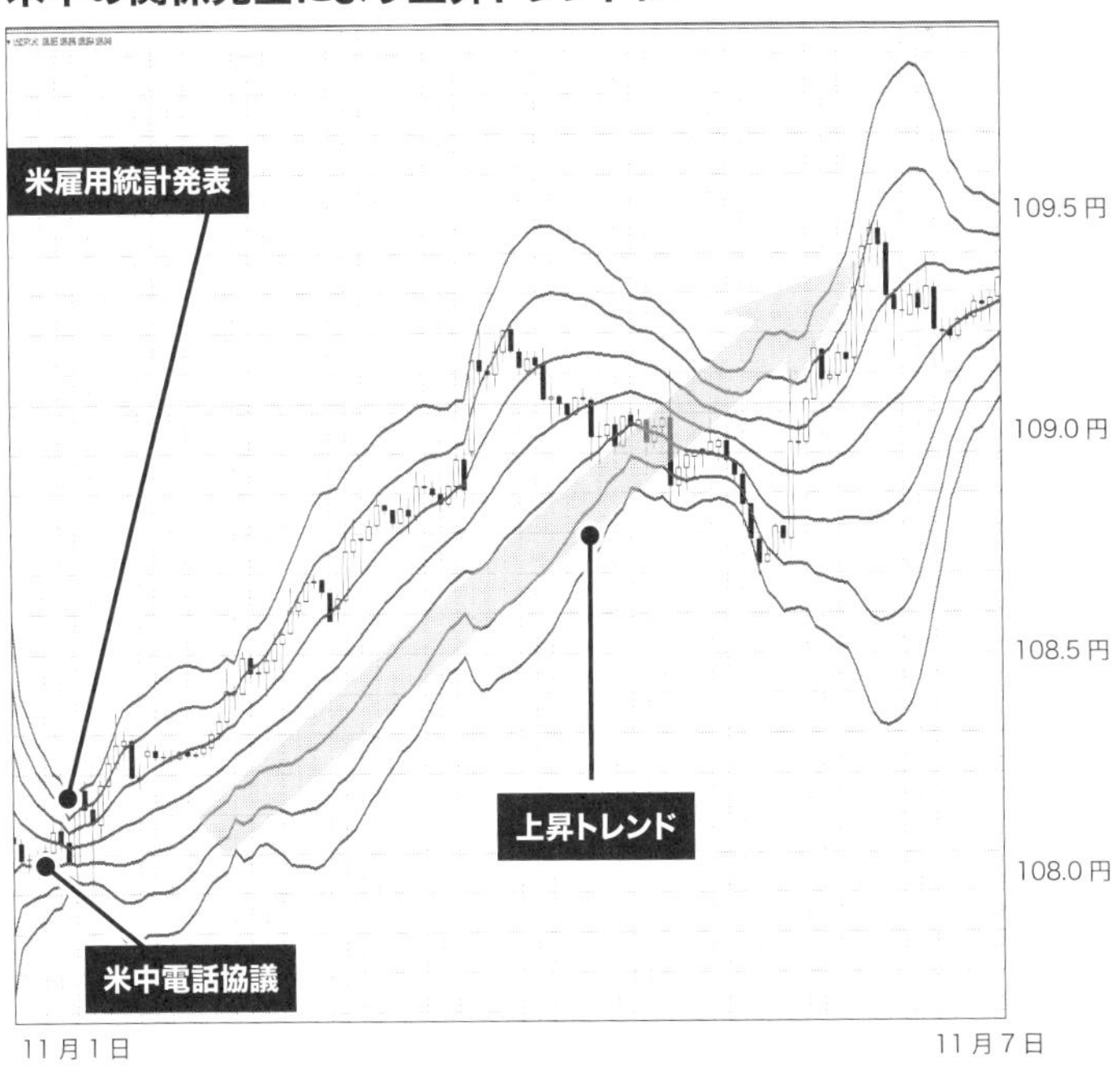

▶ 米中の関係が改善

▶ 米雇用統計が良好な結果

羽生英二さんの考え方

1 ミドルラインと移動平均線がクロスしたときには、スクイーズが発生していたため、エントリー見送り

10月31日の時点で大きく下落し、エクスパンションが発生していたのですが、11月1日の雇用統計発表や米中電話協議の影響で反転して、大きく上昇したため、テクニカルが信用できない相場になっていました。

ミドルラインと移動平均線がクロスしたときには、スクイーズが発生し始めていたためエントリーは見送りました。

まとめ

激しい動きによってテクニカル指標が信用できない相場になっていた。

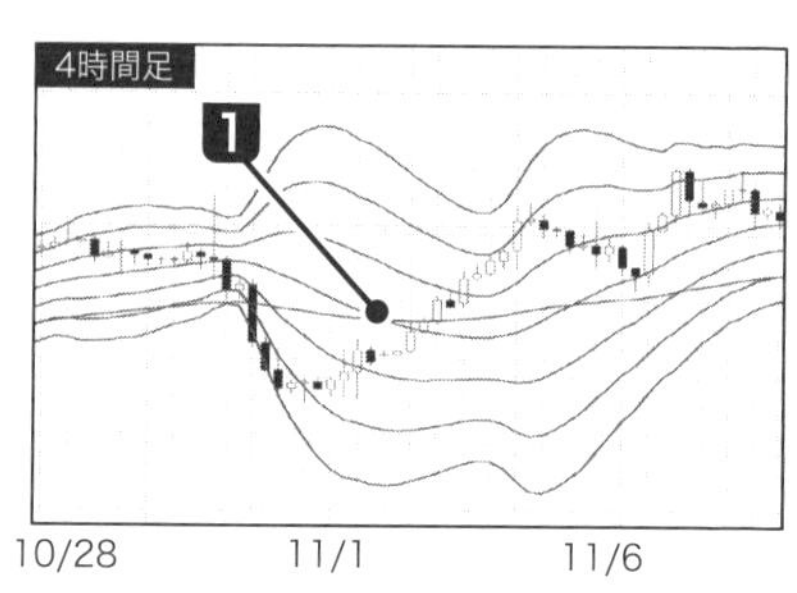

依田唯香さんの考え方

1 エクスパンション発生中に陽線が連続して出たのでエントリー

2 エントリー直後に陰線が出たので損切り

エントリーサインが出たものの、エクスパンション形成前から大きく上昇し、ローソク足の動き的には上昇しきっているという懸念もあったので、トレード枚数は減らしてエントリーしています。

懸念が的中して、その後すぐにローソク足が反転したので損切りすることになってしまいました。

まとめ

エントリーサインが出たタイミングで上昇しきっていると考え少ない枚数でトレードした。

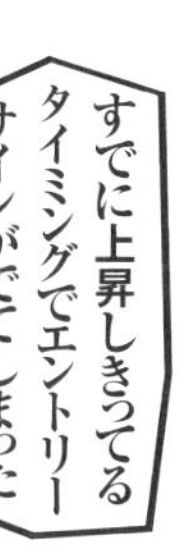

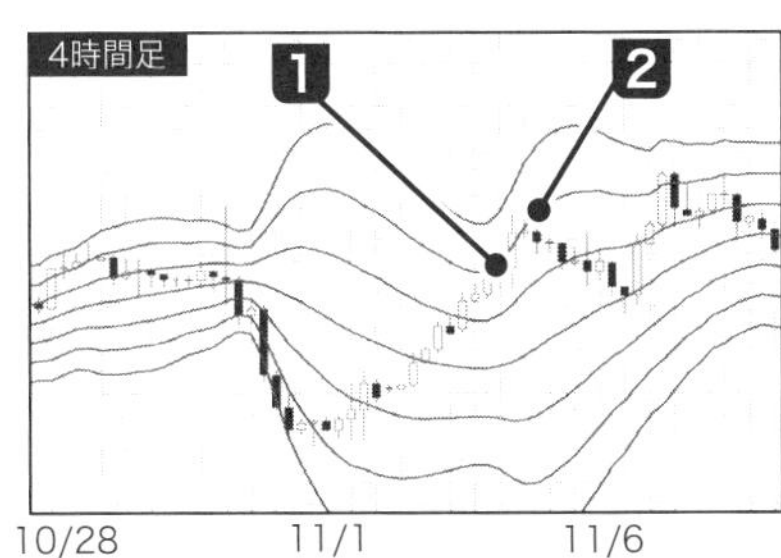

03

米中貿易戦争の激化による円高相場

２０１９年８月１日に米トランプ大統領がツイッターで9月1日から中国からの輸入品3000億ドル分を対象とした追加関税を発動すると表明しました。

それに対して、中国も必要な対抗措置をとると表明したことで、米中貿易戦争の激化懸念により、リスク回避の動きが強まっていきました。

さらに、日本以外の主要国では利下げの実施や、その予想がされたことで、円高の勢いが強まり、強力なドル安・円高相場になりました。

このときの動きで８月１日には１０８円76銭だったドル円相場は８月12日に１０５円台まで動いています。

2020年7月~8月

米ドル/日本円の4時間足チャート

トランプ大統領のTwitter上での発言により下降トレンドへ

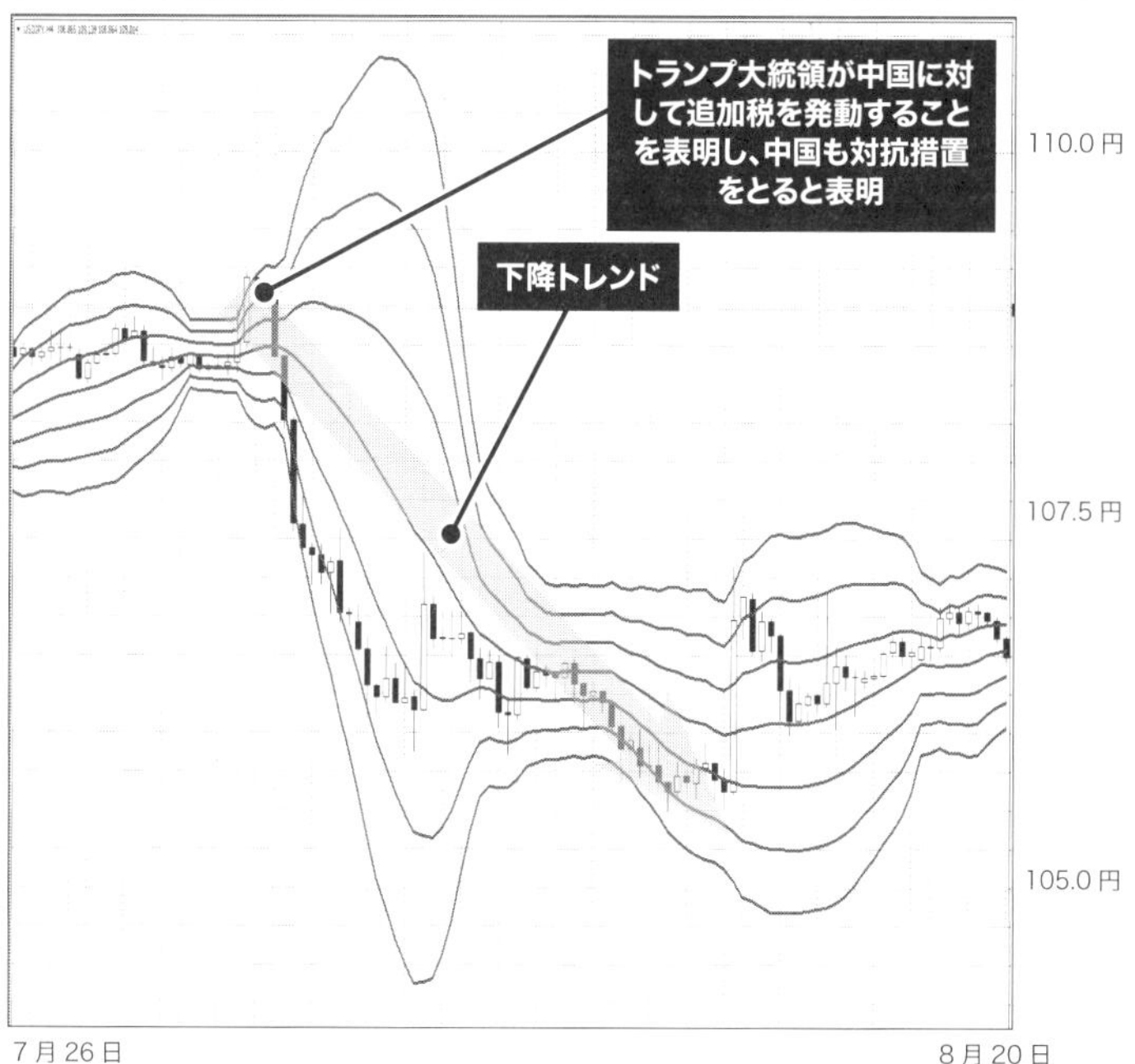

- トランプ大統領が追加関税を発動すると表明
- 中国が対抗措置をとると表明

石川正一さんの考え方

1 マイナスDIがプラスDIを突き抜けたので売りエントリー

2 ADXが上昇中にバンドウォークが発生したので、売り増し

3 ADXが30以下になったのでイグジット

いろいろな要素が重なり、円高相場のなかでのトレードでした。売り増しのサインも出たので、これは大きく勝てるかなと思っていましたが、予想外に相場が動いて、売り増し分はマイナスでした。ただし、トータルではプラスになりました。

まとめ

売り増し分は損切になったものの、トータルでは利益になった。

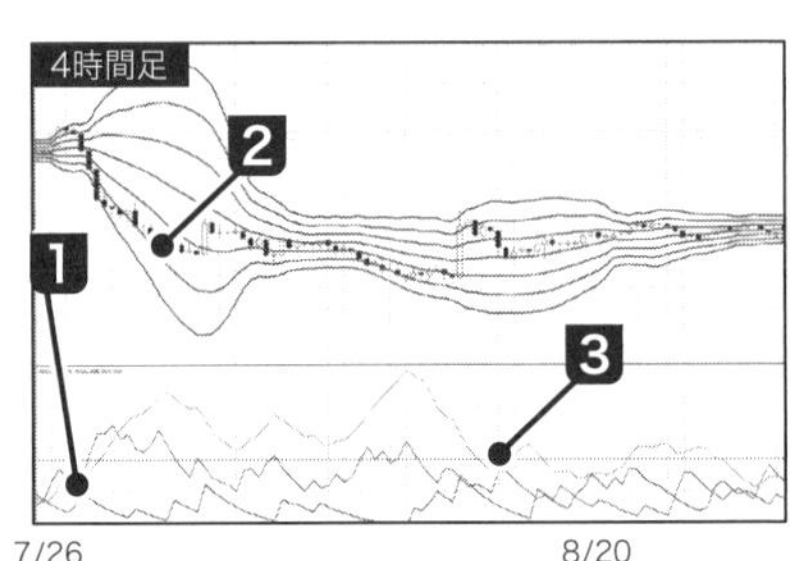

田口優斗さんの考え方

1 エクスパンション中に先行する雲が明確にねじれが発生したのでエントリー

2 スクイーズと同時にねじれが発生したので利食い

エクスパンション発生直後は先行する雲が重なっていたのでエントリーは行わず、明確にねじれが発生した時点で売りエントリーをしました。その後、スクイーズと同時にねじれが発生したのでイグジットしました。

イグジットまでの間でやや上昇してしまったので、利益自体は多くありませんでしたが、プラスにはなっています。

まとめ

想定よりは少なかったものの、利益を得ることに成功した。

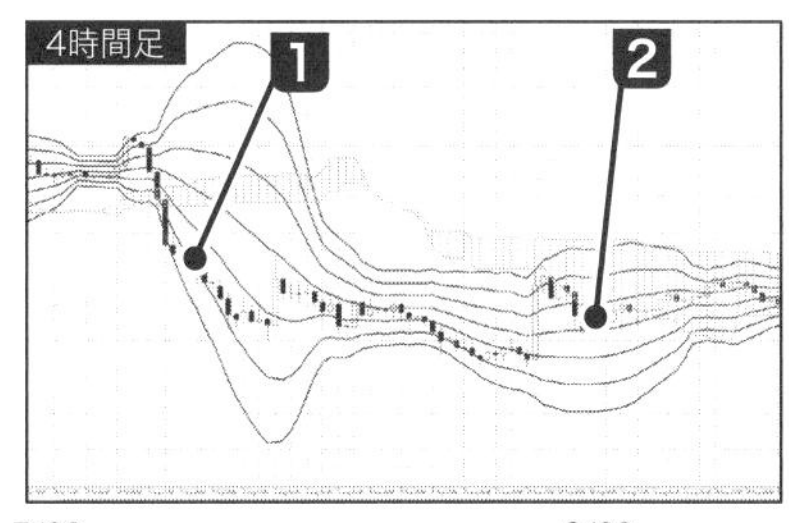

米中関係の影響でリスクオフの流れに

04

米中関係悪化による円高相場

２０１９年に入ってから順調に見えた米中関係が、５月に米中閣僚級協議の決裂によって関係が悪化しました。

さらに、米国の経済指標が悪化し、米国景気の悪化が懸念される中で、６月に行われたＦＯＭＣ（米国連邦公開市場委員会）では、パウエル議長が利下げの可能性を示したため、ドル安・円高の流れになりました。

４月末には１１２円台だったドル円相場は６月末には１０６円台にまで下落しました。

2019年4月末〜7月

米ドル/日本円の日足チャート

米中の関係悪化や米国の景気悪化、利上げ懸念による円高

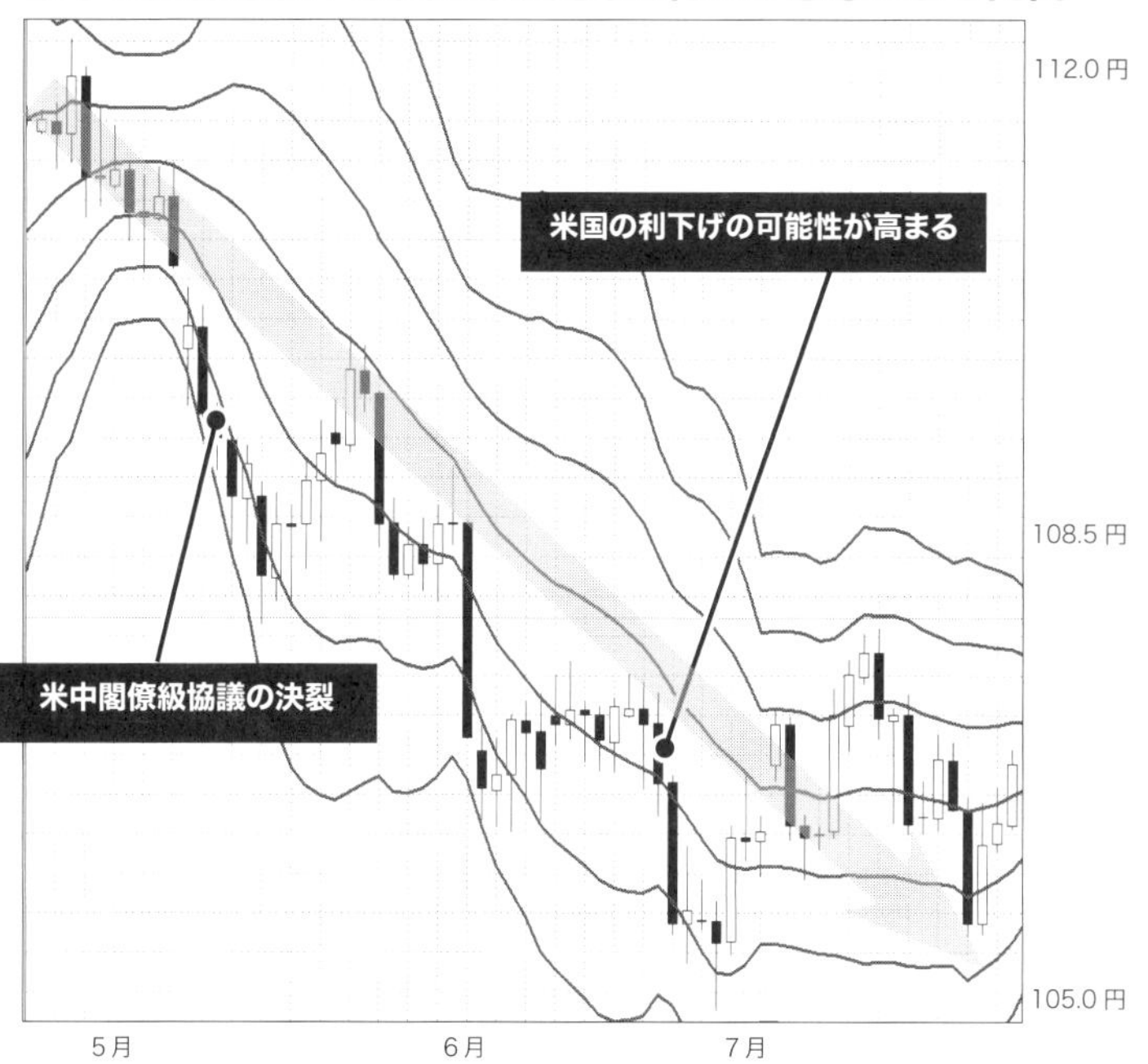

▶ 米中閣僚級協議の決裂

▶ 米国の景気悪化の懸念

▶ パウエル議長が米国利下げの可能性を指摘

田口優斗さんの考え方

1 エクスパンション中に先行する雲でねじれが発生したのでエントリー

2 エクスパンション中にねじれが発生したので利食い

日足だったので5月ごろから9月中旬ごろまでの長期保有になりました。長期保有だけあって1トレードにおける利益額は多かったですね。イグジットがエクスパンション中だったので、利食いと同時に買いエントリーし、これも長期保有になりましたが、2020年の2月ごろにコロナウィルスの影響でテクニカルが通用しない相場になると判断してイグジットしています。

まとめ

約4か月間保有し、大きな利益になった。

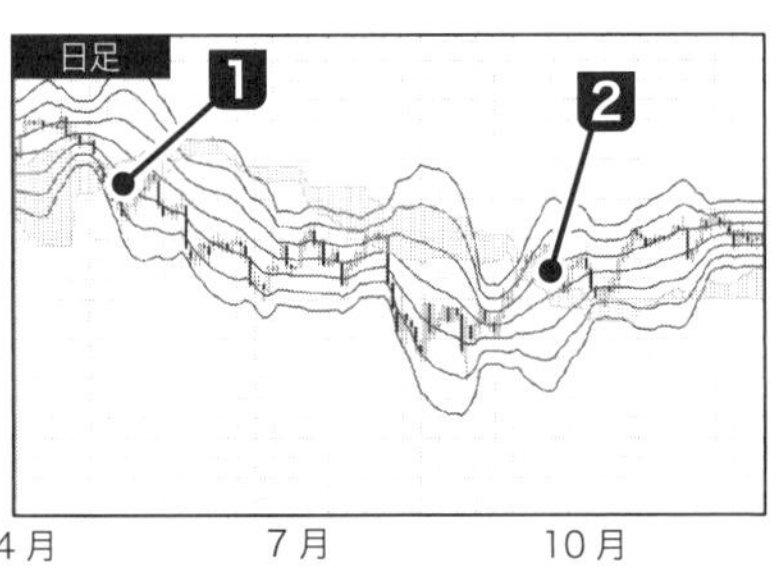

石川正一さんの考え方

1 エクスパンション中にＭＡＣＤとシグナルがクロスしたので売りエントリー

2 ＭＡＣＤとシグナルがクロスしたのでイグジット

日足や週足で下降トレンドになりかけているなかで、４時間足で売りサインが出ました。バンドウォークは発生したのですが、ＡＤＸの動きとかみ合わなかったため、売り増しはしていません。

利益は得られたのですが、相場が上昇してからのイグジットサインだったので含み益が少なくなってしまったのが残念です。

まとめ

利益は得られたものの、心残りのあるトレードだった。

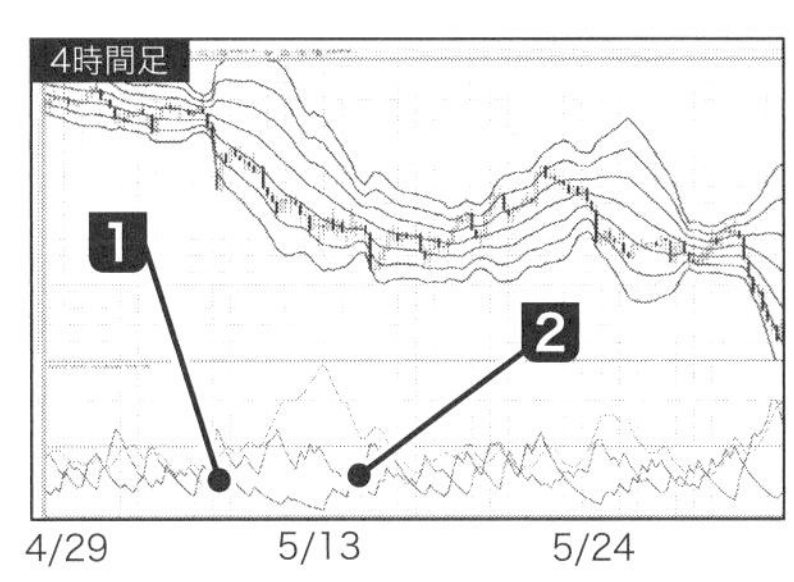

05

米国の金利据え置きによる失望売りの円高相場

２０１９年3月19〜20日に開催されたＦＯＭＣで、政策金利の誘導レンジが２・25〜２・5％に据え置きされることが決まりました。

市場参加者たちは、インフレ警戒のため年内に1回は利上げすることが予想されていましたが、ＦＯＭＣの参加委員17名のうち、利上げ1回の予測がわずか４名、利上げ2回の予測も2名にとどまっていたため、サプライズとなり、失望感からドル売りが進行しました。

この影響で米ドル／日本円相場は１１１円台から１０９円台にまで下落しています。

2019年3月19日～3月25日

米ドル/日本円の1時間足チャート

米政策金利据え置きによる失望売り

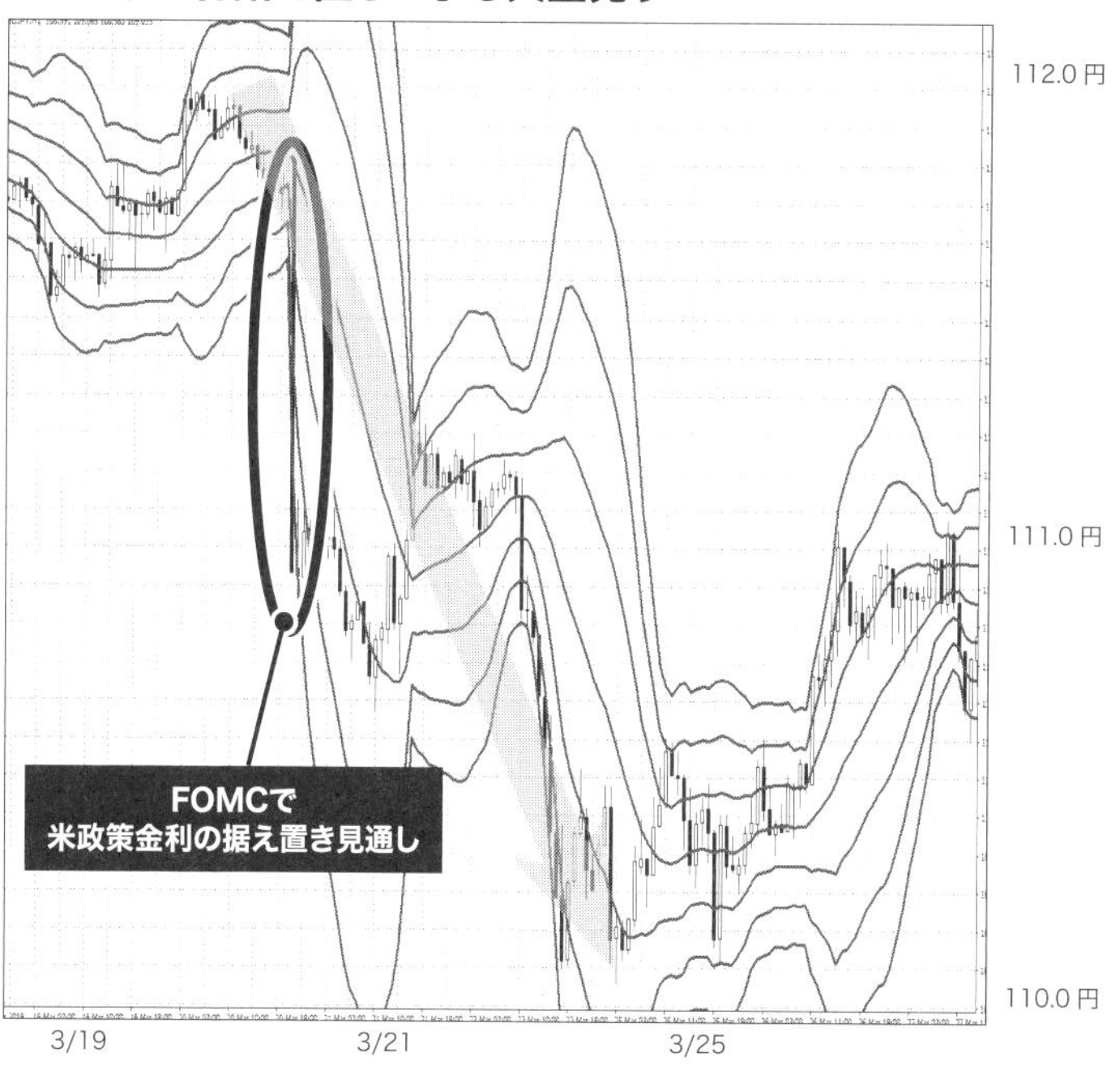

- 米政策金利が据え置き
- FOMC参加委員のなかで利上げを必要とする意見が少数派

羽生英二さんの考え方

❶ エクスパンション中にミドルラインと移動平均線がクロスしたので売りエントリー

❷ ローソク足がもみ合ったのでイグジット

エントリーサインが出た直前に長い陰線が出現しており、やや不安があったので、取引枚数を少なめにして売りエントリーしました。

不安とは裏腹に大きなリバウンドをすることなく下落したので利益は少なくなってしまいましたが、リスクを考えると取引枚数を少なくしたのは正しい判断だと思います。

まとめ

不安があるエントリーでは、取引枚数を少なくしてトレードをした。

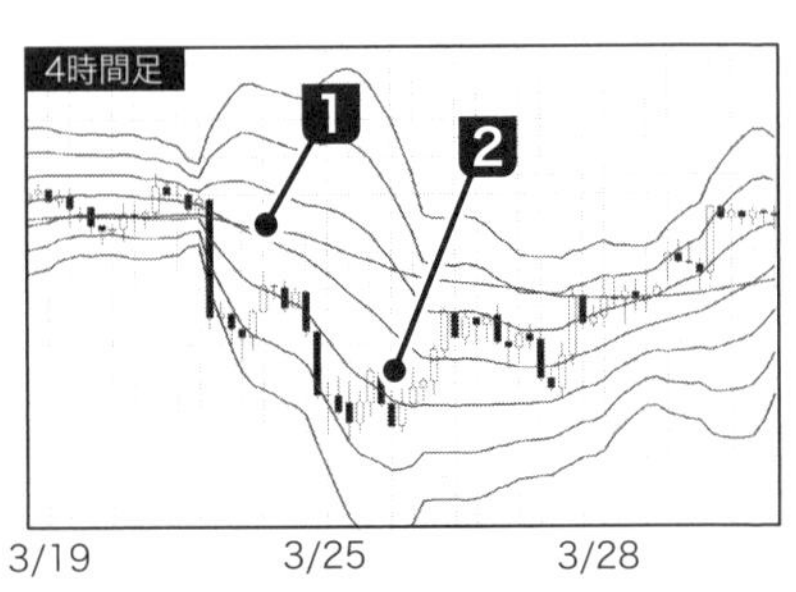

小池加奈子さんの考え方

1 エクスパンション中にＭＡＣＤとシグナルがクロスしたので売りエントリー

2 ＭＡＣＤとシグナルがクロスしたのでイグジット

米政策金利の据え置き発表により、相場が大きく下落した後のトレードだったので、利益は薄かったです。市場にサプライズのある発表だったので、エントリーするか迷いましたが、ファンダメンタルズ分析ではドル安・円高要素が強かったので、トレードしていています。振り返ってみると、少しエントリーは遅らせて相場を様子見したほうが良かったかもしれません。

まとめ

大きく下落したあとのトレードだったのであまり利益は得られなかった。

少し冷静になってトレードすればよかった

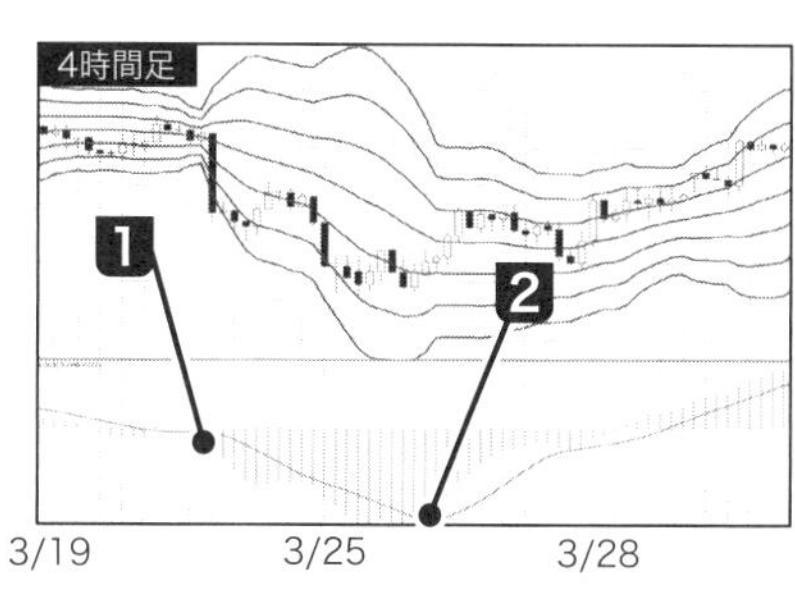

米中関係悪化により相場に影響が出た

06

米国の対中関税引き上げ延期でドル高・円安相場に

2018年に引き続き、2019年も米国と中国は貿易摩擦をめぐり関係性が悪化していました。そんななか、2019年2月下旬に米中通商協議を行い、米国は対中関税引き上げを延期し、トランプ大統領が「大きく進展した」と発言したことで、関係改善の期待感からドル買いが進みました。

また、2月は金融引き締めの姿勢が和らぐとの見方から、世界的な株高の傾向があったため、円を売って株を買う動きが強まっていたことも、ドル高・円安の動きを支えていました。

2019年2月1日〜3月1日

米ドル/日本円の1時間足チャート

米中関係改善が円安を後押し

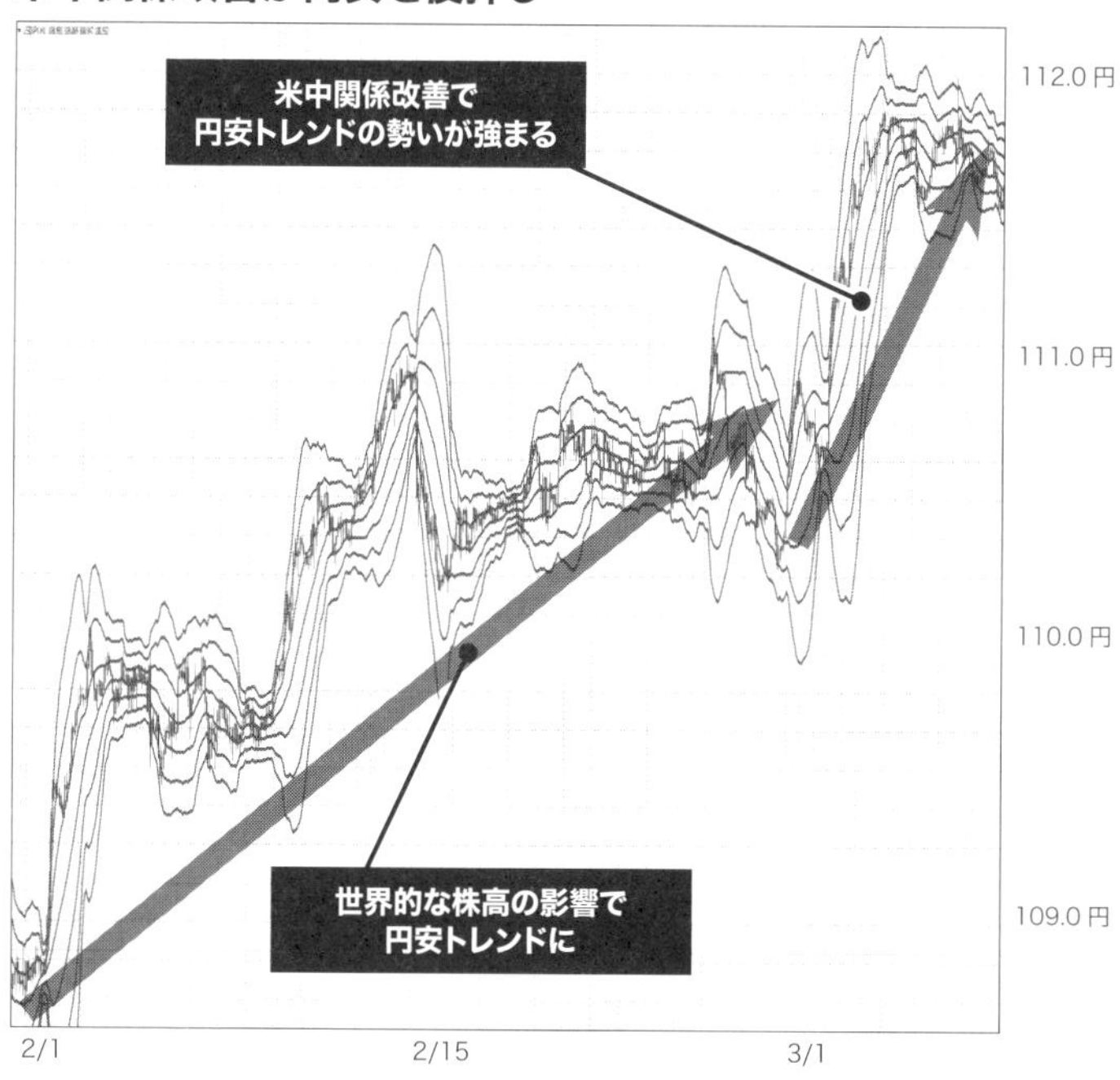

- 世界的な円売り・株買いの動き
- 米中関係が改善

山田幸一さんの考え方

1 エクスパンション発生時にローソク足が雲の上にあったので買いエントリー

2 スクイーズが発生したので利食い

2月中は3回トレードチャンスがあり、すべてうまくいきました。米国の対中関税引き上げ延期によって上昇したタイミングでエクスパンションが発生したのでタイミング的に良いトレードだったと思います。

このような停滞とトレンドを繰り返すような相場ではボリバンが機能しやすいと思います。

まとめ

ボリバンの性質と相場の動きがうまくかみ合い、大きな利益につながった。

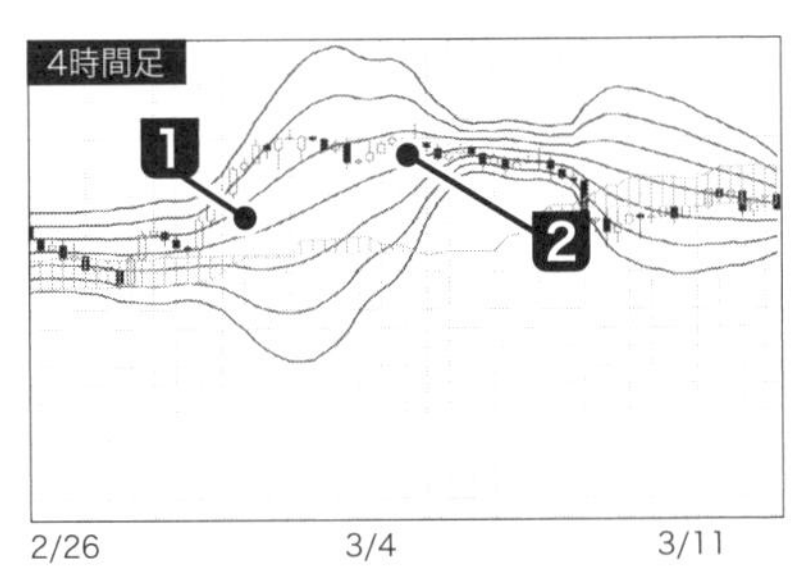

依田唯香さんの考え方

1 エクスパンション発生中に陽線が連続して出たのでエントリー

2 スクイーズ中にローソク足がもみ合ったのでイグジット

全体的にドル高・円安の動きだったので、買い目線で相場を観察していました。

トレードでは、急に長い陰線が出現する場面もあり、思ったよりは利益が得られませんでした。ただ、2月中のトレード自体はプラスになっています。

まとめ

予想外の長い陰線の影響で思ったような利益をえることはできなかった。

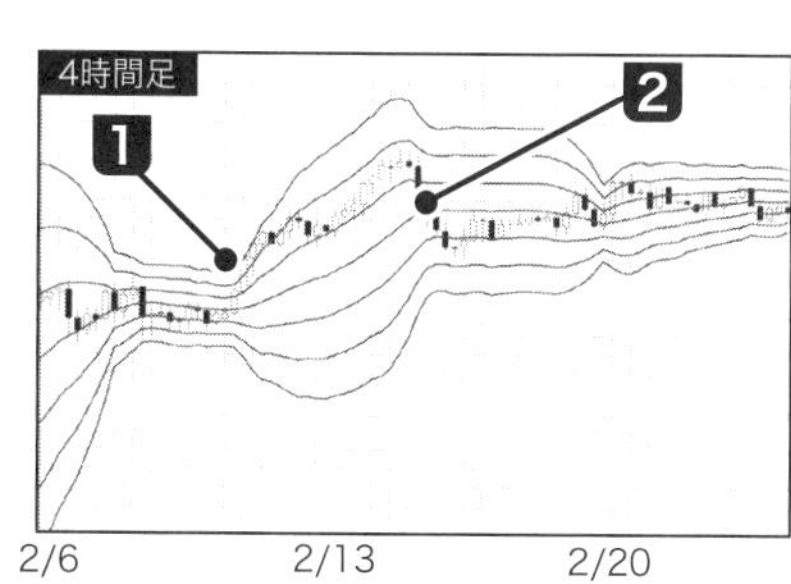

07

アップルショックによる急激な円高

２０１９年１月２日に米アップルが10～12月期の売り上げ見通しを大幅に下方修正しました。これによる、「アップルショック」と呼ばれる円高が発生し、１月3日には１０８円85銭から１０４円97銭にまで急落しました。

この動きは、１月3日という流動性が低い時期に急激にドル売り円買いが進んだため、一気に値が動いたことで、ＡＩによるシステムトレードが反応し、一斉に円買いの進行で円高がさらに加速、その動きにより一般投資家の強制ロスカットが多発したことでより円高の勢いづけることにつながり、急激な動きになったともいわれています。

2019年1月3日〜1月4日

米ドル/日本円の1時間足チャート

アップルショックによる急落

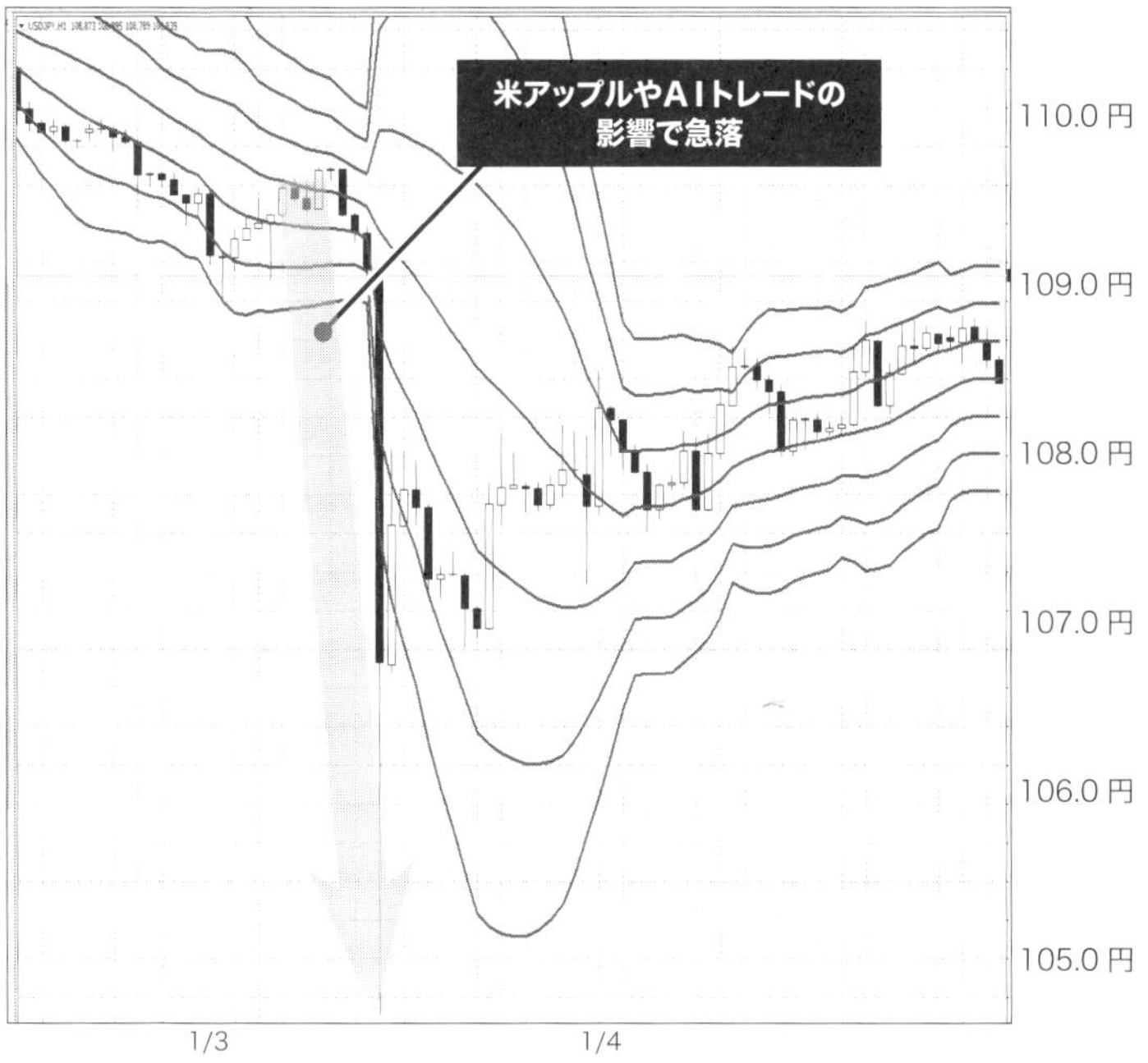

- 米アップルの四半期売上高見通しの下方修正
- AIによる円買い

石川正一さんの考え方

1 マイナスDIがプラスDIを突き抜けたので売りエントリー

2 ADXの上昇中にバンドウォークが発生したので、売り増し

3 異常な値動きに不安を感じて利食い

2018年末ごろから売りポジションを持ち、売り増しもしましたが、わずか数分の間に急激な円高が発生していました。気が付いたときには相場は戻っていましたが、その後どう動くか判断できなかったため、利食いをしました。

まとめ

異常な値動きにその後の動きが判断できなかったので全ポジションをイグジットした。

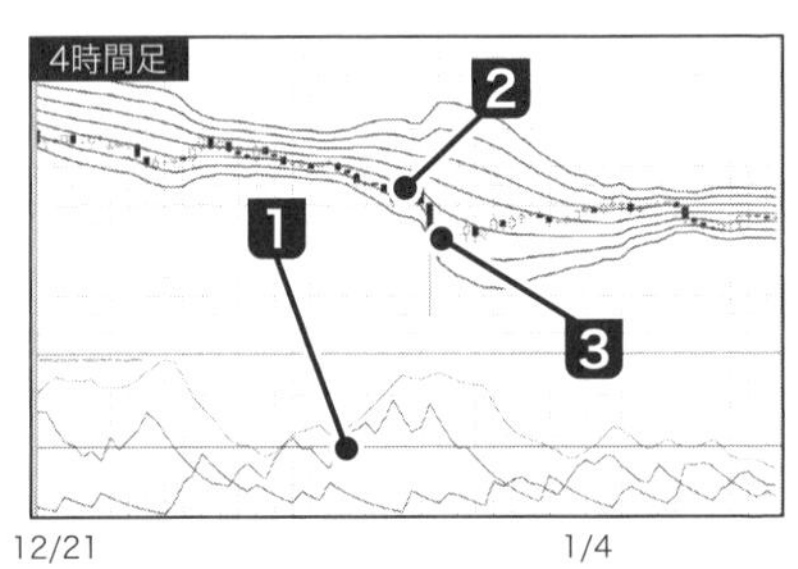

田口優斗さんの考え方

1 エクスパンション中に先行する雲がねじれが発生したのでエントリー

2 急落後、相場に異変を感じたので利食い

12月中旬ごろから売りポジションを保有していました。1月3日の朝にチャートを見たらすでに急落が発生していて、相場の異変が起こったと思い慌てて利食いをしました。結果的にはその後上昇トレンドに転換していたので、利食いしたのはいいタイミングだったと思います。これだけ大きな動きがあるとテクニカル指標が機能しなくなるので、しばらくトレードは休みました。

まとめ

結果的にはベストなタイミングで利食いができた。

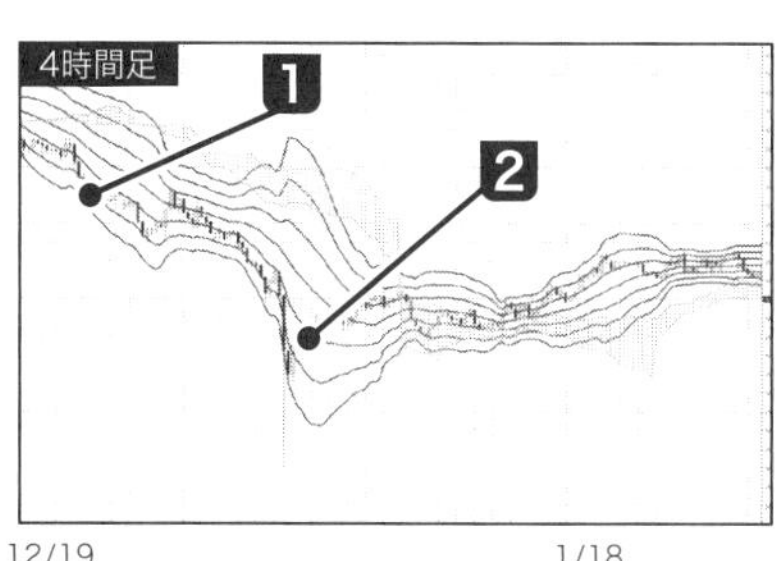

株高の影響で円が売られ、円安になった

08 世界的な株高の影響をうけた円安相場

2018年9月は、米中貿易摩擦への警戒感が後退したため、リスクオンの動きになり、米国を中心に世界的な株高への動きになりました。その流れを受け、円が売られ、円安の動きが強まりました。

また、8月に発生したトルコショックに起因した新興国市場の混乱も落ち着きをみせたことや米国の債券利回りが上昇するなども円安を支えることになりました。

また、このときは米ドルだけでなく、ユーロや英ポンドなどの主要通貨に対しても円安となっていました。

2018年9月～2018年11月

米ドル/日本円の日足チャート

世界的な株高による円安相場

- 米中貿易摩擦への警戒感が薄れたことによる世界的な株高
- 新興国市場の混乱の落ち着き
- 米国の債券利回りの上昇

山田幸一さんの考え方

1. エクスパンション発生中にローソク足が雲を上に突き抜けたので買いエントリー
2. スクイーズが発生したので利食い

強力な上昇トレンドにうまく乗れたトレードでした。この時期の4時間足は上昇と下降が入り乱れていてトレードしにくい環境だったので、日足を中心にトレードしていました。

特に9月中旬以降、4時間足ではトレンドが一方通行でボリバンのσラインが一定間隔で空いていたため、トレードしにくい環境でしたね。

まとめ

相場に合わせて、日足に切り替え、大きな利益の獲得に成功した。

トレンドがわかりやすい日足でトレードしていました

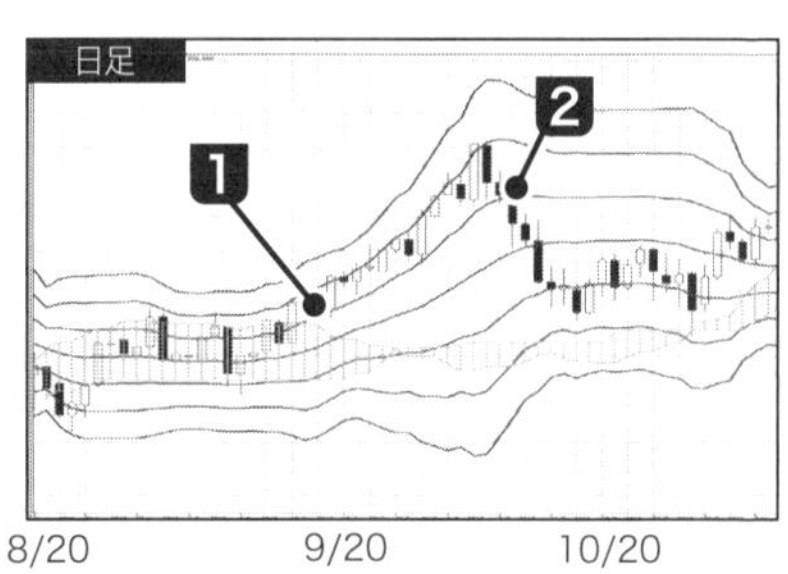

小池加奈子さんの考え方

1 エクスパンション中にMACDとシグナルがクロスしたので買いエントリー

2 MACDとシグナルがクロスしたのでイグジット

1トレードあたりの利益額はそれほど多くありませんでしたが、なんどもエントリーチャンスがあったので、トータルでは大きく勝てました。私の手法に合っていた相場だと思います。

ただ、押し目が短期間で発生したため、それほど大きな損失ではありませんでしたが、損切する場面もありました。

まとめ

何度もトレードチャンスがあり、細かく何度も稼げた。

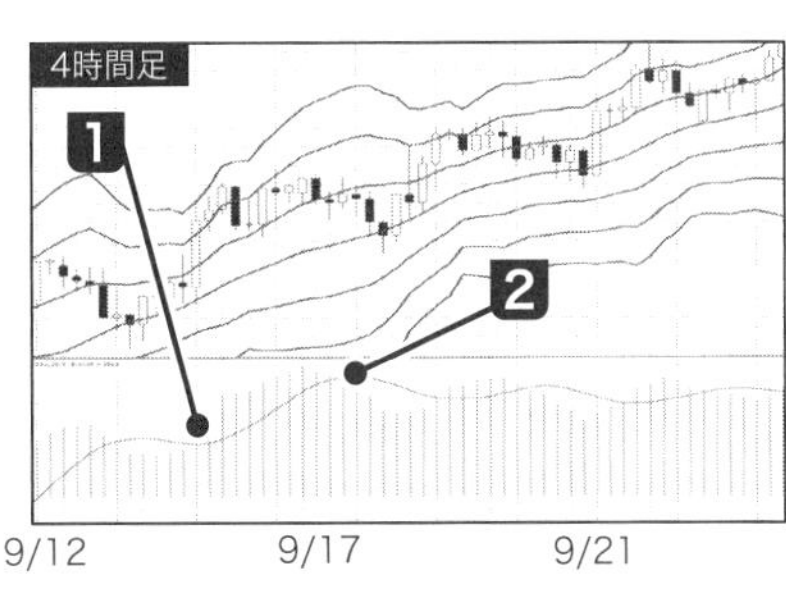

押し目に狩られる場面も何度かありました

金利の据え置き発言によりユーロ安円高相場に

09

ドラギECB総裁の発言によるユーロ安・円高相場

2018年6月にECB(欧州中央銀行)理事会でドラギECB総裁(当時)が金利を2019年夏の終わりまでは現在の水準にとどめるという方針を示したことで、ユーロ売りが強まりました、

この時期はイギリスのEU離脱問題や難民政策に関する加盟国間の対立など、ユーロに関してネガティブニュースが多かったこともユーロ安・円高相場の勢いに拍車をかけています。

日足や週足などの長期トレンドでみるとユーロ/日本円は2020年4月の現在まで下降トレンドが続いています。

2018年6月14日〜2018年6月20日

ユーロ/日本円の1時間足チャート

金利据え置きによるユーロ安

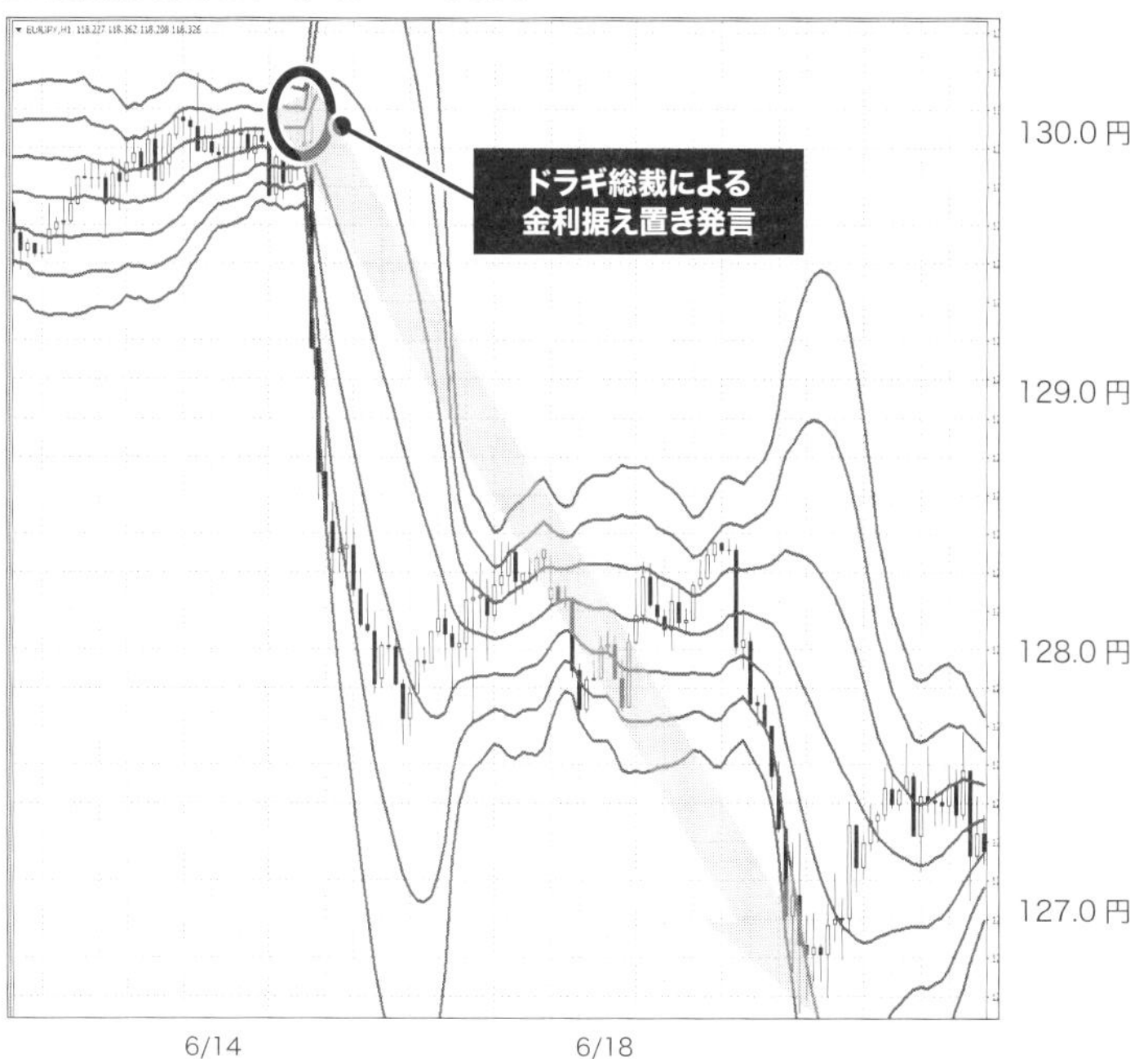

- ドラギECB総裁の金利据え置き発言
- イギリスのEU離脱問題
- 難民政策に関する加盟国間の対立

石川正一さんの考え方

1. マイナスDIがプラスDIを突き抜けたので売りエントリー
2. σラインとADXが収縮したのでイグジット

あきらかにファンダメンタルズによる下降トレンドでしたが、金利による動きはしばらく続く傾向があるのと、ボリバンやADXでも売りサインだったので、売りエントリーしました。

結果的には大きな利益になったので成功トレードだったと思います。

まとめ

目論見どおり、強力な下降トレンドになり、大きな利益を得た。

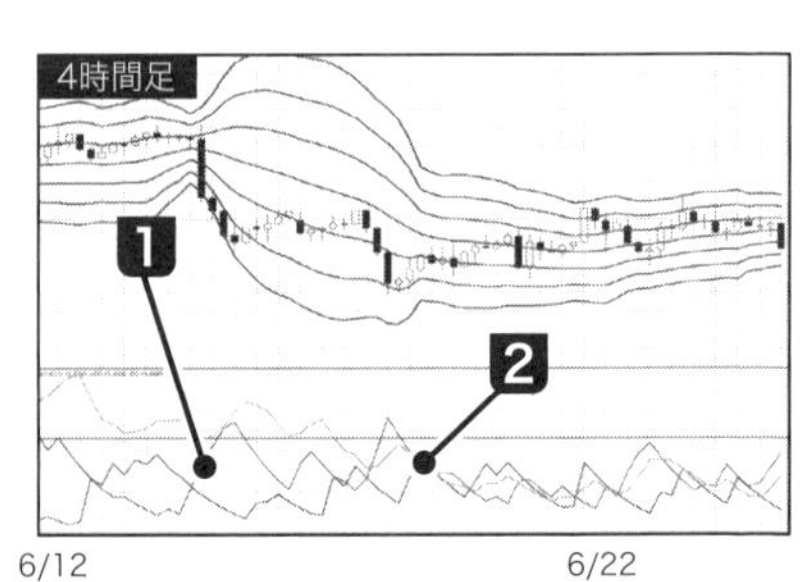

異常な値動きのあとすぐにイグジット

山田幸一さんの考え方

1 エクスパンション発生時にローソク足が雲の下にあったので売りエントリー

2 ファンダメンタルズ要因で相場が動いたので利食い

5月上旬ごろから売りポジションを持っていたのですが、ドラギ総裁の発言により、ファンダメンタルズ要因で相場が動き始めたため、利食いをしました。

ネガティブニュースだったので、そのまま保有してもいいかと思いましたが、EUの情勢も不安定で、予期せぬ動きをするリスクを考慮していったん利食いすることにしました。

まとめ

ドラギ総裁の発言によって相場が動いたため、リスクを考慮して利食いをした。

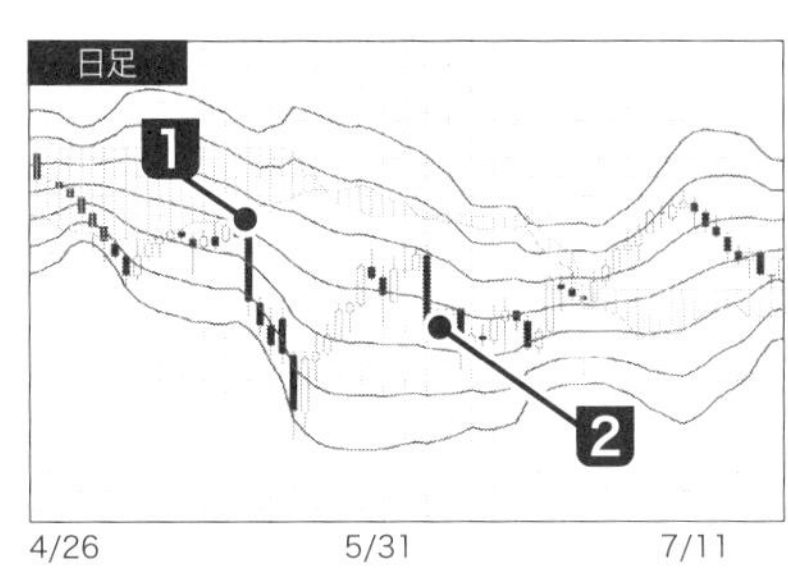

予想できない相場だったので利食いしました

10

米国株急落による円安相場

2018年初は米国株の急落によって、ドル安円高相場になりました。

また、この時期は日銀の超長期国債の買い入れの減額により円高懸念がされ、米政権の貿易相手国への報復関税や輸入制限の検討などもドル安・円高につながりました。

とくに米政権による報復関税や輸入制限はのちに米中貿易戦争懸念につながるもので、中国も米国に対して報復措置の計画を発表するなど、ドル売りを後押しする動きがありました。

2018年1月〜3月

米ドル/日本円の日足チャート

ドル安円高が続いた相場

- 米国株の急落
- 日銀の超長期国債買い入れの減額
- 米国の貿易相手国への報復関税や輸入制限の検討

石川正一さんの考え方

1 マイナスDIがプラスDIを突き抜けたので売りエントリー

2 ADXの上昇中にバンドウォークが発生したので、売り増し

3 σラインとADXが収縮したので、利食い

強い下降トレンドだったので、ボリバンとADXがうまく機能していました。

ただ、ファンダメンタルズの影響も強かったので、常にニュースには目を光らせている必要がありました。

まとめ

ファンダメンタルズとテクニカルともに強い下降トレンドを示し大きな利益が得られた。

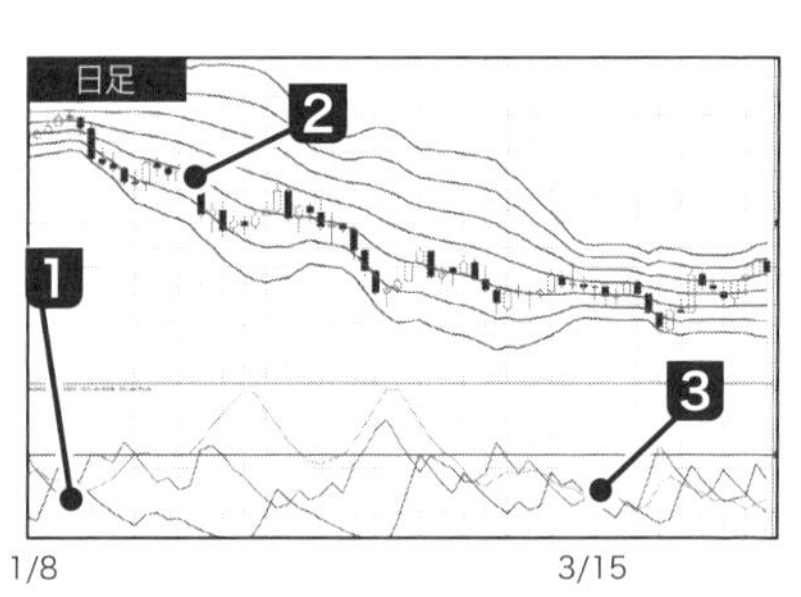

依田唯香さんの考え方

1. エクスパンション発生中に陰線が連続して出たので売りエントリー
2. バンドウォークが発生したので売り増し
3. スクイーズが発生し、ローソク足の動きが鈍ったので利食い

トレンドの始まりから終わりまで保有し続けることができたので、理想的なトレードでした。ポジションは約2か月間保有し続けたので、ある程度下落した後は十分な含み益となっていたので、気楽に相場を見ることができました。

まとめ

トレード手法にマッチした、理想的なトレードができた。

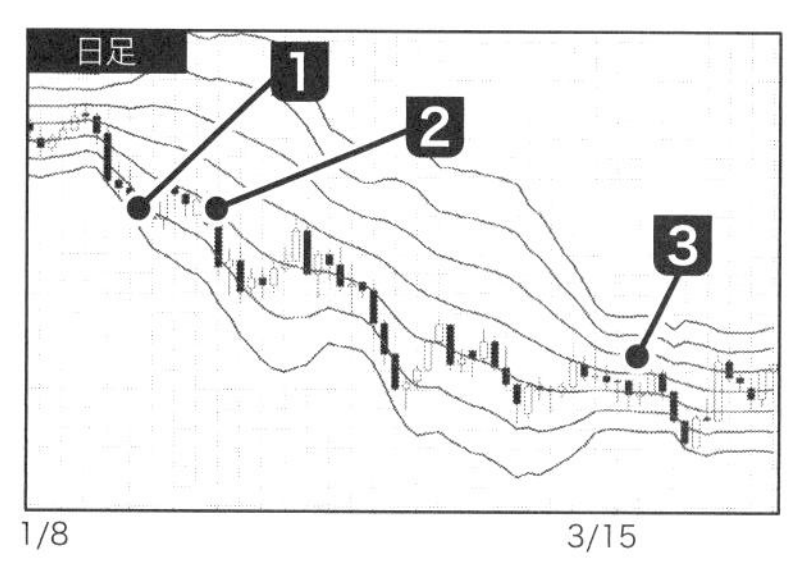

ボリンジャーバンドを使いこなせばFXはカンタンに稼げる！ その2

2020年4月30日　発行

執筆・インタビュー 柳生大穂（有限会社バウンド）
デザイン ili_design
イラスト 伊藤キイチ
DTP 有限会社バウンド

発行人 佐藤孔建
編集人 梅村俊広
発行・発売
〒160-0008 東京都新宿区四谷三栄町12-4
竹田ビル3F
TEL：03-6380-6132
印刷所 三松堂株式会社

●本書の内容についてのお問い合わせは、下記メールアドレスにて、書名、ページ数とどこの箇所かを明記の上、ご連絡ください。ご質問の内容によってはお答えできないものや返答に時間がかかってしまうものもあります。予めご了承ください。

●お電話での質問、本書の内容を超えるご質問などには一切お答えできませんので、予めご了承ください。

●落丁本、乱丁本など不良品については、小社営業部（TEL：03-6380-6132）までお願いします。

e-mail ： info@standards.co.jp

お読みください

●FXをはじめとした金融商品の運用はリスクを伴います。
製作、販売、および著者は投資の結果によるその正確性、完全性に関する責任を負いません。実際の投資はご自身の責任でご判断ください。